中等职业教育产教融合新形态教材——高速铁路乘务专业

高速铁路乘务实务

主　编　邱向上
副主编　李　巍　张　斌
参　编　张冬香　谯　静　向　全
　　　　席冬梅　罗诗雯

西南交通大学出版社
·成都·

内容简介

本书为高速铁路乘务专业教材，依据国家客运规程与岗位实际需求，结合校企合作经验，采用模块化形式编写，旨在帮助学生全面掌握高速铁路乘务岗位技能。内容涵盖五大模块：动车组服务设施设备、列车乘务组、客运作业制度与规范、客运作业流程、特殊情况服务。每个模块下设任务情景、任务目标、知识链接、任务实施、评价考核、归纳总结以及知识练兵场七个环节，采用情境导入法提升学习兴趣，明确学习任务与目标，结合理论与实践操作，确保学生掌握工作规范，并通过评价考核检验学习成效。

本书可作为中等职院校铁路乘务专业的教学用书，也可作为铁路乘务相关专业人员的培训用书。

图书在版编目（CIP）数据

高速铁路乘务实务 / 邱向上主编. -- 成都：西南交通大学出版社，2025.1. -- ISBN 978-7-5774-0292-5

Ⅰ. U298.1

中国国家版本馆 CIP 数据核字第 2025Z8G351 号

Gaosu Tielu Chengwu Shiwu

高速铁路乘务实务

主　编／邱向上

策划编辑／梁志敏
责任编辑／梁志敏
封面设计／吴　兵

西南交通大学出版社出版发行

（四川省成都市金牛区二环路北一段 111 号西南交通大学创新大厦 21 楼　610031）
营销部电话：028-87600564　　028-87600533
网址：http://www.xnjdcbs.com
印刷：四川煤田地质制图印务有限责任公司

成品尺寸　185 mm×260 mm
印张　13.5　　字数　302 千
版次　2025 年 1 月第 1 版　　印次　2025 年 1 月第 1 次

书号　ISBN 978-7-5774-0292-5
定价　48.00 元

课件咨询电话：028-81435775
图书如有印装质量问题　本社负责退换
版权所有　盗版必究　举报电话：028-87600562

前 言

党的十八大以来，我国铁路建设投资持续加大，铁路网特别是高铁网规模和质量实现重大跃升，高速铁路已成为连接城市、促进经济发展的重要纽带。高速铁路安全、快捷、舒适，深受广大旅客喜爱。作为高速铁路运营中不可或缺的部分，高速铁路乘务工作的重要性日益凸显。为培养更多高素质、高技能的高速铁路乘务人才，我们精心编写了《高速铁路乘务实务》教材。

本书是中等职业院校高速铁路客运乘务专业的核心教材，旨在通过系统、全面的教学内容，让学生掌握高速铁路乘务工作的基本理论、业务知识和服务技能，为其今后在高速铁路乘务岗位上的工作筑牢基础。

编写过程中，我们重视理论与实践相结合，不仅融入国内外高速铁路发展的最新成果和前沿技术，还结合一线乘务工作的实际经验和典型案例，使教材内容更贴近实际、更易理解。高速铁路乘务工作既是技术活，更是服务活，因此我们邀请了具有丰富实践经验的企业人员参与审查，保证了教材的实用性和针对性，教材特别强调了服务意识和服务质量的重要性，引导学生树立正确的职业观念和服务理念，培养良好的职业道德和职业素养。

为推动线上线下混合式教学改革，方便师生的教和学，教材中对重要知识点和技能点配套了相应的数字化教学资源。我们相信，通过学习本书，学生能全面提升专业素养和综合能力，为高速铁路客运事业发展贡献力量。同时，我们期待广大师生在使用中提出宝贵意见和建议，以便我们不断改进和完善教材。

本书由邱向上任主编，李巍、张斌任副主编，具体编写分工为：模块一由罗诗雯、谯静、张斌编写，模块二由张冬香、李巍编写，模块三由张斌、谯静、向全编写，模块四由李巍、邱向上编写，模块五由邱向上、席冬梅编写。邱向上、李巍、张斌对全书进行了统稿。本书在编写过程中参考和引用了许多国内学者的成果，在此深表谢意，同时也衷心感谢所有参与编写和审校工作的专家和同仁的辛勤付出与无私奉献。因编者水平有限，书中若有不妥之处，恳请广大读者批评指正。

编 者
2024 年 7 月

数字资源

序号	资源名称	资源类型	页码	资源位置
1	动车组基本车型	微课视频	3	模块一 任务一
2	动车组服务设备	微课视频	24	模块一 任务二
3	动车组岗位设备	微课视频	27	
4	认识乘务组	微课视频	38	模块二 任务一
5	乘务组岗位职责	微课视频	43	
6	乘务员上岗要求	微课视频	59	模块二 任务二
7	客运作业规范	微课视频	77	模块三 任务一
8	备品使用制度	微课视频	97	模块三 任务二
9	趟计划	微课视频	110	模块三 任务三
10	始发作业-出乘作业	微课视频	124	模块四 任务一
11	始发作业-始发站作业1	微课视频	126	
12	始发作业-始发站作业2	微课视频	126	
13	始发作业-始发站作业3	微课视频	126	

续表

序号	资源名称	资源类型	页码	资源位置
14	始发作业-始发站作业 4	微课视频	126	模块四 任务一
15	始发作业-开车作业 1	微课视频	130	
16	始发作业-开车作业 2	微课视频	130	
17	途中作业-巡视车厢	微课视频	142	模块四 任务二
18	途中作业-业务处理	微课视频	142	
19	途中作业-车内服务、广播提醒	微课视频	142	
20	途中作业-备品补充	微课视频	142	
21	终到作业-组织乘降	微课视频	170	模块四 任务四
22	终到作业-卫生清理	微课视频	170	
23	终到作业-车内巡视	微课视频	170	
24	终到作业-退乘作业	微课视频	170	
25	特殊情况下的服务	微课视频	181	模块五 任务一
26	特殊情况下的服务技巧和流程	微课视频	183	
27	紧急情况下的服务	微课视频	197	模块五 任务二

目 录

模块一　认识动车组服务设施设备 ⋯⋯⋯⋯⋯⋯⋯⋯⋯⋯⋯⋯⋯⋯⋯⋯⋯⋯⋯⋯ 001
　　任务一　了解动车组车型 ⋯⋯⋯⋯⋯⋯⋯⋯⋯⋯⋯⋯⋯⋯⋯⋯⋯⋯⋯⋯⋯⋯⋯ 002
　　任务二　动车组主要服务设备和岗位设备 ⋯⋯⋯⋯⋯⋯⋯⋯⋯⋯⋯⋯⋯⋯⋯⋯ 023

模块二　认识动车组列车的乘务组 ⋯⋯⋯⋯⋯⋯⋯⋯⋯⋯⋯⋯⋯⋯⋯⋯⋯⋯⋯⋯⋯ 035
　　任务一　动车组列车乘务组的组成形式 ⋯⋯⋯⋯⋯⋯⋯⋯⋯⋯⋯⋯⋯⋯⋯⋯⋯ 036
　　任务二　动车组乘务员的上岗要求 ⋯⋯⋯⋯⋯⋯⋯⋯⋯⋯⋯⋯⋯⋯⋯⋯⋯⋯⋯ 057

模块三　动车组列车客运作业制度与规范 ⋯⋯⋯⋯⋯⋯⋯⋯⋯⋯⋯⋯⋯⋯⋯⋯⋯⋯ 073
　　任务一　客运作业规范 ⋯⋯⋯⋯⋯⋯⋯⋯⋯⋯⋯⋯⋯⋯⋯⋯⋯⋯⋯⋯⋯⋯⋯⋯ 074
　　任务二　备品使用制度 ⋯⋯⋯⋯⋯⋯⋯⋯⋯⋯⋯⋯⋯⋯⋯⋯⋯⋯⋯⋯⋯⋯⋯⋯ 093
　　任务三　趟计划制 ⋯⋯⋯⋯⋯⋯⋯⋯⋯⋯⋯⋯⋯⋯⋯⋯⋯⋯⋯⋯⋯⋯⋯⋯⋯⋯ 107

模块四　动车组列车客运作业 ⋯⋯⋯⋯⋯⋯⋯⋯⋯⋯⋯⋯⋯⋯⋯⋯⋯⋯⋯⋯⋯⋯⋯ 121
　　任务一　始发作业 ⋯⋯⋯⋯⋯⋯⋯⋯⋯⋯⋯⋯⋯⋯⋯⋯⋯⋯⋯⋯⋯⋯⋯⋯⋯⋯ 122
　　任务二　途中作业 ⋯⋯⋯⋯⋯⋯⋯⋯⋯⋯⋯⋯⋯⋯⋯⋯⋯⋯⋯⋯⋯⋯⋯⋯⋯⋯ 139
　　任务三　折返作业 ⋯⋯⋯⋯⋯⋯⋯⋯⋯⋯⋯⋯⋯⋯⋯⋯⋯⋯⋯⋯⋯⋯⋯⋯⋯⋯ 152
　　任务四　终到作业 ⋯⋯⋯⋯⋯⋯⋯⋯⋯⋯⋯⋯⋯⋯⋯⋯⋯⋯⋯⋯⋯⋯⋯⋯⋯⋯ 166

模块五　特殊情况下的服务 ⋯⋯⋯⋯⋯⋯⋯⋯⋯⋯⋯⋯⋯⋯⋯⋯⋯⋯⋯⋯⋯⋯⋯⋯ 178
　　任务一　特殊旅客服务 ⋯⋯⋯⋯⋯⋯⋯⋯⋯⋯⋯⋯⋯⋯⋯⋯⋯⋯⋯⋯⋯⋯⋯⋯ 179
　　任务二　紧急情况下的服务 ⋯⋯⋯⋯⋯⋯⋯⋯⋯⋯⋯⋯⋯⋯⋯⋯⋯⋯⋯⋯⋯⋯ 194

参考文献 ⋯⋯⋯⋯⋯⋯⋯⋯⋯⋯⋯⋯⋯⋯⋯⋯⋯⋯⋯⋯⋯⋯⋯⋯⋯⋯⋯⋯⋯⋯⋯⋯ 208

模块一

认识动车组服务设施设备

在中国高速铁路的发展历程中，动车组作为核心装备，扮演着至关重要的角色。其中，CRH1型、CRH2型、CRH3型、CRH380型和CRH5型动车组是早期引进并投入运营的几种主流车型。这些动车组在车内设备设施方面各具特色，如CRH1型动车组的座椅设计舒适，CRH2型动车组的车内装饰简约大方，CRH3型动车组的车厢内配备了先进的空调系统，CRH380型动车组则以其高速性能而著称，CRH5型动车组则注重车辆的稳定性和耐用性。

随着技术的不断进步和自主创新能力的提升，中国开始研制自己的标准动车组。这些动车组不仅在设计上更加现代化和人性化，而且在性能上也更加优越。例如，车内设备设施更加智能化和高效化，乘客的乘坐体验得到了极大的提升。此外，这些标准动车组还具备更高的运行速度和更大的载客量，为中国高速铁路的快速发展提供了强有力的支撑。

任务一　了解动车组车型

【任务情景】

你是一名动车组技术人员，被派往 CRH1 型动车组检查车内的设备设施。进入车厢后，眼前是整洁的车内环境和一流的设施，你需仔细检查座椅、扶手、照明、空调、卫生间等设施是否完好无损，功能是否正常。同时，你还要注意车内的安全设备，如灭火器、安全锤等是否齐全且易于取用。这项任务要求你细心且高效，确保动车组的安全与舒适，为乘客提供优质的出行体验。

【任务目标】

学习目标：

☆ 掌握 CRH1 系列、CRH2 系列、CRH380 系列、复兴号 CR 系列动车组的车内设备设施的基本知识，包括其主要功能、布局特点以及使用标准。

☆ 熟悉车内各项设施的操作流程和维护要求，确保在紧急情况下能够迅速准确地使用相关设备。

技能目标：

☆ 能够独立完成 CRH1 型动车组车内设备设施的日常检查和维护工作，及时发现并处理潜在问题。

☆ 提升解决实际问题的能力，能够在遇到设施故障时迅速做出判断并采取有效措施。

素养目标：

☆ 培养细致入微的观察力和严谨负责的工作态度，确保每一次检查都全面无遗漏。

☆ 增强团队合作意识，能够在必要时与同事协作，共同保障动车组的安全运行。

☆ 提升客户服务意识，关注乘客需求，为乘客提供更加舒适便捷的乘车环境。

高铁之窗

自主创新造就中国高铁"国家名片"

随着中国高铁技术的飞速发展,复兴号动车组作为新时代的国家名片,不仅展示了中国制造的卓越实力,更体现了国家自主创新的坚定决心。在动车组车型的发展历程中,从最初的引进吸收到后来的自主创新,中国高铁人克服重重困难,实现了从技术跟跑到领跑的华丽转身。

复兴号动车组的研发过程中,涌现出许多感人至深的英雄事迹。例如,某研发团队在面临国外技术封锁的严峻挑战下,夜以继日地攻关克难,最终成功研发出具有完全自主知识产权的动车组关键零部件,为中国高铁的腾飞插上了翅膀。这一过程中,不仅锤炼了科技人员的专业技能,更磨砺了他们的意志品质,彰显了新时代中国青年的责任与担当。

在"复兴号"动车组的运营过程中,铁路部门始终坚持以人为本的服务理念,不断优化乘车环境,提升服务质量。例如,针对旅客的不同需求,动车组设置了多样化的座椅布局和人性化的服务设施,让旅客在享受快捷出行的同时,也能感受到家的温馨与舒适。这种以人民为中心的发展思想,正是社会主义核心价值观的生动体现。

通过了解"复兴号"动车组的研发历程和运营实践,我们更能深刻理解自主创新的重要性,激发爱国热情和民族自豪感,激励自己为实现中华民族伟大复兴的中国梦贡献青春力量。

【知识链接】

一、动车组的基本概念

微课:动车组基本车型

动车组是由若干带动力的车辆(动车,用 M 表示)和不带动力的车辆(拖车,用 T 表示)组成的,在正常使用寿命周期内始终以固定编组运行、不能随意更改编组的一组列车。一般来说,由于需要双向运行,在列车的两端均设有司机室。

(一)和谐号动车组列车

1. CRH1 型动车组

CRH1 型动车组为 8 辆编组,可两组重联运行。

- 动力配置:2(2M+1T)+(1M+1T)。
- 车厢种类:一等车、二等车、酒吧车。

- 座位布置：一等车 2 + 2，二等车 2 + 3。
- 定员：670 人。
- 最高运营速度：200 km/h。
- 制动方式：直通式电空制动。

CRH1-00～CRH1-07 号车设施布置如图 1-1-1～图 1-1-8 所示，图注见表 1-1-1。

图 1-1-1　CRH1-00 号车（Mc2）

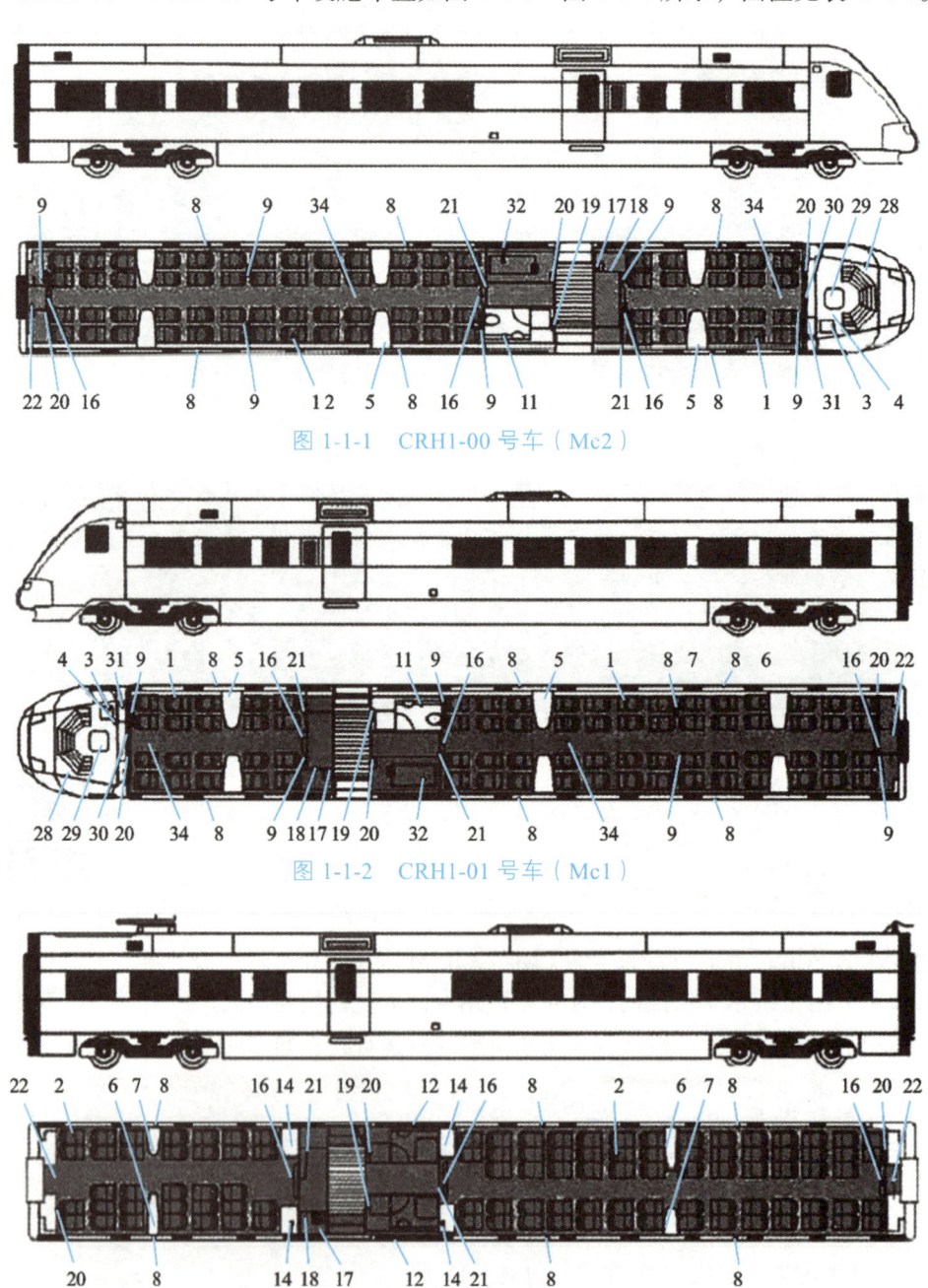

图 1-1-2　CRH1-01 号车（Mc1）

图 1-1-3　CRH1–02 号车（Tp1）

图 1-1-4　CRH1-03 号车（M1）

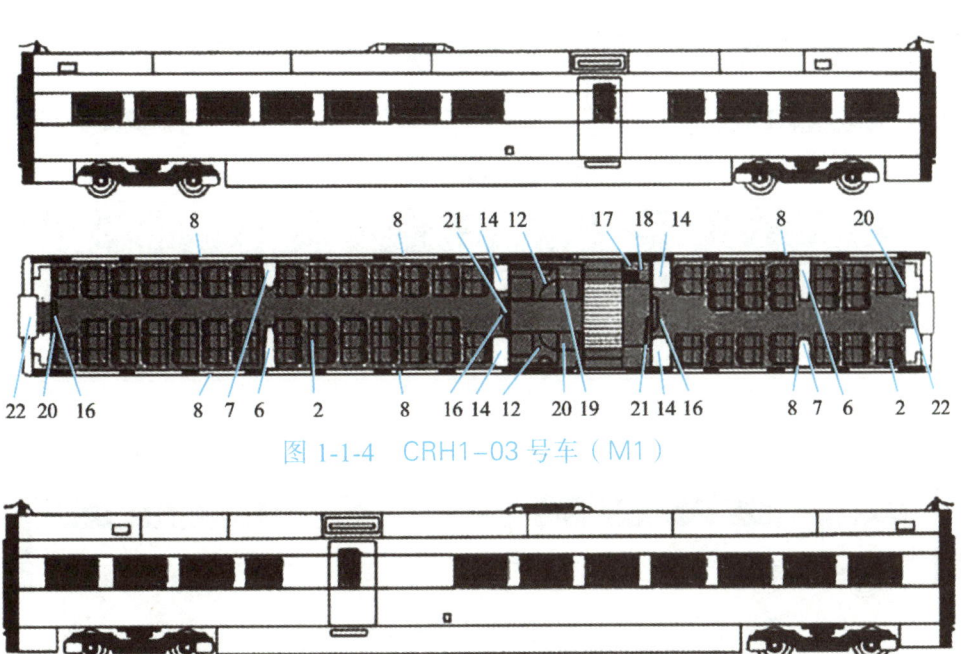

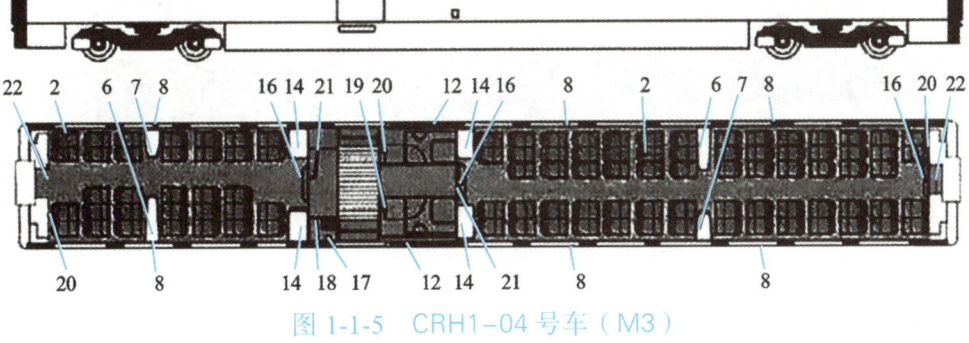

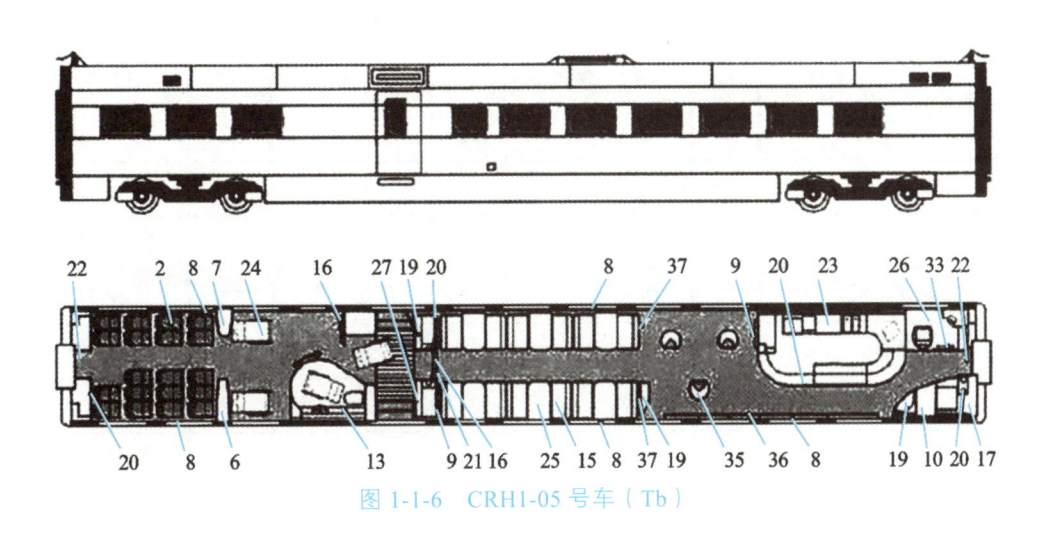

图 1-1-5　CRH1-04 号车（M3）

图 1-1-6　CRH1-05 号车（Tb）

图 1-1-7　CRH1-06 号车（M2）

图 1-1-8　CRH1-07 号车（Tp2）

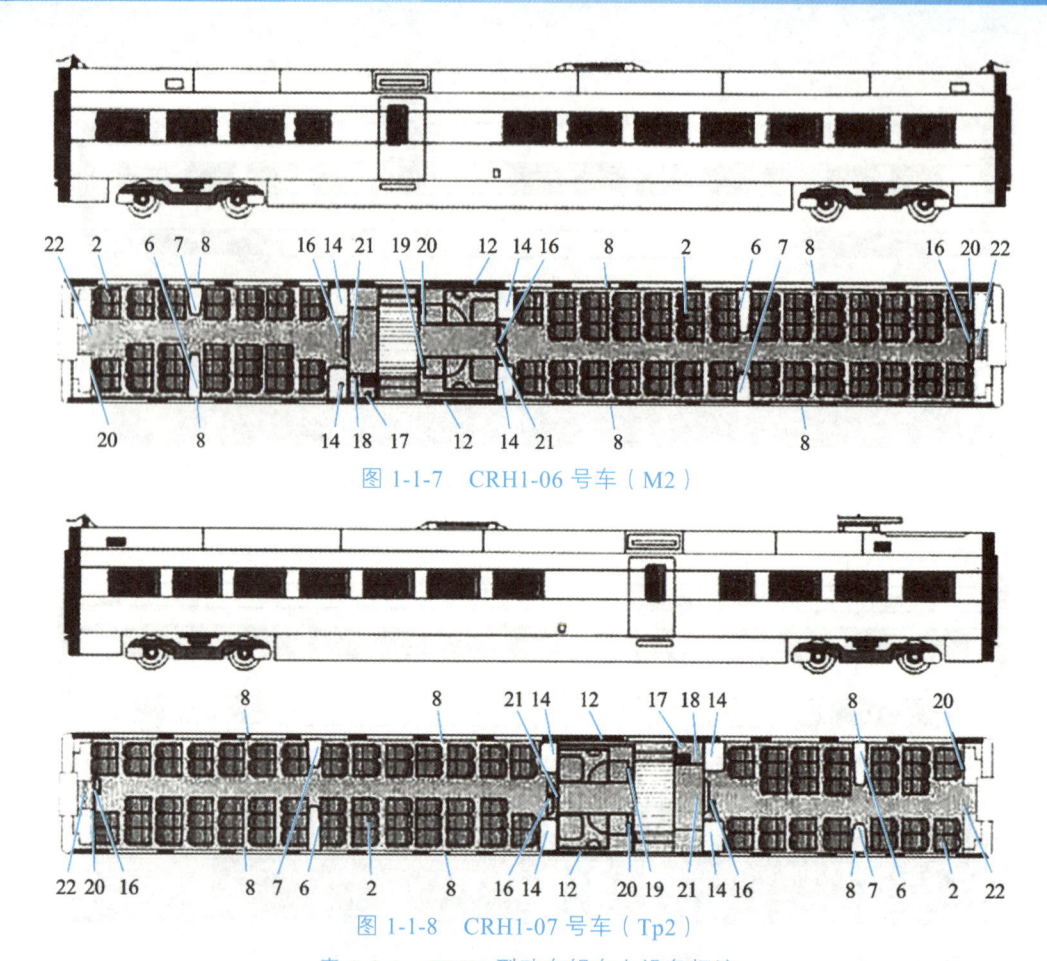

表 1-1-1　CRH1 型动车组车上设备标注

标号	标注	标号	标注	标号	标注	标号	标注
1	一等车座椅	11	厕所（坐式）	21	客室门	31	LKJ 主计算机
2	二等车座椅	12	厕所（蹲式）	22	通过台门	32	ATP 装置
3	折叠椅	13	厕所（残疾人）	23	吧台	33	乘务室门
4	司机室灭火器	14	行李架	24	轮椅位置	34	走廊地毯
5	一等车桌子	15	餐车座椅	25	餐桌	35	站立就餐桌
6	二等车桌子（大）	16	信息显示屏	26	乘务员室	36	扶手
7	二等车桌子（小）	17	洁具室	27	轮椅升降装置	37	客室分隔屏
8	逃生窗	18	热水炉	28	司机操纵台		
9	显示屏	19	垃圾箱	29	司机座椅		
10	餐车储藏间	20	灭火器	30	司机室门		

2. CRH2 型系列动车组

CRH2 型电力动车组是中国（不含港、澳、台地区）高铁动车组列车的一种重要型号，如图 1-1-9 所示。其原型车是基于日本新干线的 E2-1000 型新干线列车与 700 系新干线列车。

随着技术的不断发展和市场需求的变化，CRH2 系列衍生了多组系列车型，包括 CRH2G 型高寒动车组、CRH2C 型高速动车组，以及 CRH2E 型卧铺动车组等。

CRH2 型动车组采用了铝合金空心型材车体，减轻了车体质量并提高了强度和耐腐蚀性。同时，广泛采用了再生制动技术，提高了能源利用效率。CRH2 系列车型作为国内大功率动车组的主力军，不仅在高速运行方面表现出色，而且在多方面均展现出卓越性能。无论是城际、长途还是高速列车，甚至是高速综合检测列车，CRH2 型动车组都发挥着重要作用。

图 1-1-9　CRH2 型动车组

3. CRH380 型动车组

CRH380 型系列动车组是在 CRH1 至 CRH5 型系列电力动车组基础上自主研发的 CRH 系列高速动车组，也是"中国高速列车自主创新联合行动计划"的重点项目，最高运营速度为 380 km/h。

1）CRH380A 型动车组

CRH380A 型动车组（见图 1-1-10）是由中车青岛四方机车车辆股份有限公司自主研发的。它不仅是世界上商业运营速度最快、科技含量最高、系统匹配最优的动车组之一，其持续速度可达 380 km/h，最高速度更是超过了 400 km/h。该车型为动力分散式、交流传动的电力动车组，采用了铝合金空心型材车体，实现了轻量化和高速化。

图 1-1-10　CRH380 型系列动车组

2）CRH380C 型动车组

CRH380C 型动车组是在 CRH3C 和 CRH380BL 的基础上研发的新一代高速动车组。与 CRH3C 相比，CRH380C 的持续运营速度从 300 km/h 提高到了 350 km/h，最高运营速度从 350 km/h 提高到了 380 km/h，最高试验速度更是超过了 400 km/h。其主要优化方向是提高牵引功率、降低传动比以及减少动车组气动外形阻力，以提升性能。在列车舒适度方面，通过提高减振性能、车厢降噪和加强车内气压控制等方式，为乘客提供了更加舒适的旅行体验。

3）CRH380D 型动车组

CRH380D 型动车组是由青岛四方庞巴迪铁路运输设备有限公司基于庞巴迪 ZEFIRO 380 平台研发的。其设计标称运行速度为 380 km/h。在 2013 年的宁杭甬高铁试验中，CRH380D 跑出了最高速度 420 km/h 的优异成绩。

（二）复兴号 CR 系列动车组

1. 复兴号动车组的研制背景

随着中国经济的快速发展和人民生活水平的持续提高，对高速铁路的需求也日益增长。为了满足这一需求，同时推动中国高铁技术的自主创新，中国国家铁路集团有限公司在吸收和借鉴国外先进高铁技术的基础上，于 2012 年启动了"复兴号"中国标准动车组的研制工作。

"复兴号"的命名寓意着中华民族伟大复兴，同时也代表着中国高铁技术的自主创新能力和国际竞争力。经过几年的艰苦努力，2017 年 6 月，"复兴号"中国标准动车组在京沪高铁上正式投入运营，标志着中国高铁技术迈入了新的发展阶段。

2. 复兴号动车组的特点

中国标准动车组在 254 项关键标准中，有 84% 采用了中国自主制定的标准，展现了中国独特且全面的技术特点。2017年1月3日，国家铁路局正式向四方和长客颁发"型号合格证"和"制造许可证"，标志着中国标准动车组正式获得型号命名。

"复兴号"动车组车型型号和车组号的命名规则如下：

$$\underset{①}{\underline{CR}}\ \underset{②}{\underline{×××}}\ \underset{③}{\underline{×}}\underset{④}{\underline{×}}-\underset{⑤}{\underline{××}}-\underset{⑥}{\underline{××××}}$$

① 中国铁路标识；
② 速度等级，以三位阿拉伯数字表示；
③ 企业识别代码，以一位大写英文字母表示；
④ 技术类型代码，以一位大写英文字母表示；
⑤ 技术配置代码，缺省或以一至两位大写英文字母表示；
⑥ 车组号，以四位阿拉伯数字表示。

① 车型代码中的"CR"为中国铁路"China Railway"的英文缩写。
② 速度等级，以三位阿拉伯数字表示：
　　400——代表车辆设计速度为300~400（含）km/h；
　　300——代表车辆设计速度为200~300（含）km/h；
　　200——代表车辆设计速度为100~200（含）km/h。
③ 企业识别代码，以一位大写英文字母表示：
　　A——中车青岛四方机车车辆股份有限公司申请定型的动车组（并非只由四方股份制造）；
　　B——中车长春轨道客车股份有限公司申请定型的动车组（并非只由长客股份制造）。
④ 技术类型代码，以一位大写英文字母表示：
　　A——动力分散式动车组；
　　F——动力分散电力动车组；
　　J——动力集中电力动车组；
　　N——动力集中内燃动车组；
　　P——动力分散内燃动车组。
其余字母预留。
⑤ 技术配置代码，以一至两位大写英文字母表示，每个型号的基础车型技术配置代码缺省（如CR400AF），衍生车型技术代码由"A"开始排列（如CR400AF-A），用以区分同型号下不同编组型式、不同定员、不同车种、不同运用环境适应性和综合检测用途等不同技术配置的改进型产品，基础车型技术配置代码缺省。
⑥ 车组号，以四位阿拉伯数字表示，按主机厂（制造工厂）分配号段。

1）CR400AF型复兴号动车组（蓝海豚）

CR400AF即"中国铁路-四方股份-动力分散式动车组"，是中国标准动车组的一种型号，昵称为"蓝海豚"，如图1-1-11所示。这种动车组的最高设计速度为400 km/h，持续运行速度为350 km/h，适用于高速铁路和城际铁路。CR400AF的车头设计独特，呈现出流线型的外观,玻璃面平整,侧面有一条凸尖线,使得整车看起来既现代又动感。内部设施方面,CR400AF 采用了人性化的设计理念,为旅客提供了宽敞舒适的乘车环境。此外,它还配备了先进的控制系统和安全设备,确保了旅客的出行安全。

图 1-1-11　CR400AF 型复兴号动车组

2）CR400BF 型复兴号动车组（金凤凰）

CR400BF 即"中国铁路-长客股份-动力分散式动车组",是另一种中国标准动车组型号,昵称为"金凤凰",如图 1-1-12 所示。与 CR400AF 相似,CR400BF 的最高设计速度也为 400 km/h,持续运行速度为 350 km/h。在外观设计上,CR400BF 的头部玻璃凸起,侧面线条相对平缓,给人一种稳重而大气的感觉。车内设施同样注重旅客的舒适体验,同时,它也拥有先进的控制系统和安全设备,为旅客提供安全可靠的旅行环境。

图 1-1-12　CR400BF 型复兴号动车组（金凤凰）

3）CR300AF/BF 型复兴号动车组

CR300AF（见图 1-1-13）和 CR300BF 是中国标准动车组中的中速型号,它们的最高设计速度为 300 km/h,适用于城际铁路和区域快速铁路。在外观上,CR300AF 和 CR300BF 与 CR400AF 和 CR400BF 相似,但车身长度和内部设施略有调整,以适应中速运行的需求。这些动车组同样采用了先进的技术和安全标准,为旅客提供舒适、安全的旅行体验。

图 1-1-13　CR300AF 型复兴号动车组

4）CR200J 型复兴号动车组

CR200J 是复兴号家族中的动力集中式动车组，也被称为"绿巨人"（见图 1-1-14）。它的最高设计速度为 200 km/h，适用于普速铁路和区域铁路。CR200J 的车身设计独特，采用了绿色为主色调的外观，显得非常醒目。内部设施方面，CR200J 注重旅客的舒适性和便利性，提供了多种座位类型和餐饮服务。虽然速度相对较慢，但 CR200J 以其独特的外观和舒适的乘车环境赢得了旅客的喜爱。CR200J 系列动车组最高运营速度为 160 km/h，可用于开行长途列车和中短途城际列车，能在中国约 10 万 km 的既有电气化铁路上开行。2024 年 1 月 28 日，CR200J-C 型复兴号动力集中型动车组迎来春运"首秀"。

图 1-1-14　CR200J 型复兴号动车组

二、动车组的基础设备

（一）侧　门

车厢两侧均设有侧门，采用电动单扇滑动塞拉门，各门有两级伸出脚踏板，可以适应 800～1 250 mm 的站台，侧门宽度 1 100 mm，如图 1-1-15 所示。

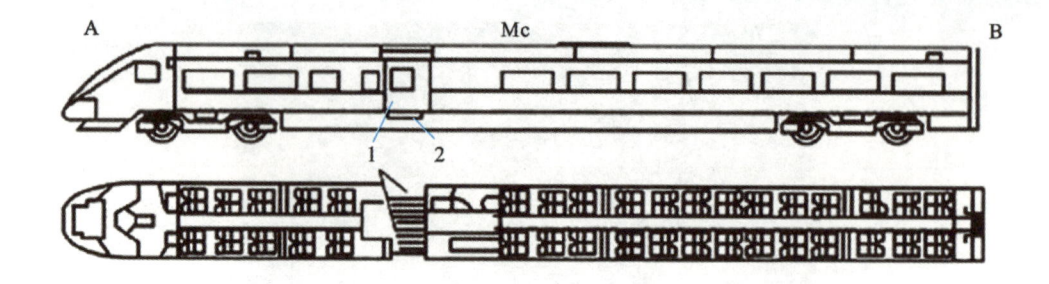

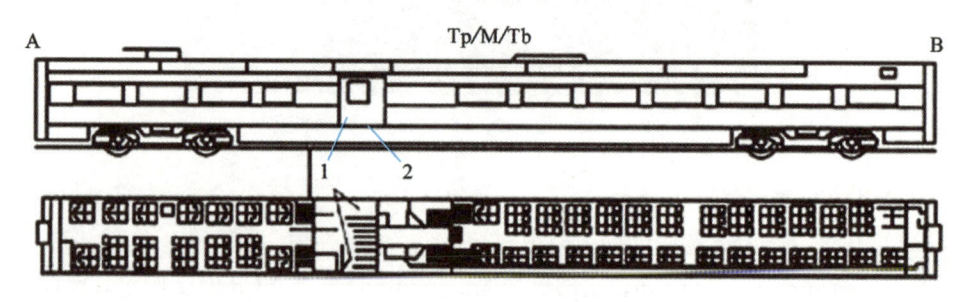

1—乘客车门；2—滑动脚踏板。

图 1-1-15　CRH1 型侧门示意图

1. 侧门开关装置

侧门设有开门按钮、手动开门把手、车门隔离装置等开关装置。

2. 正常开门操作

全列侧门的开启集中控制，由司机负责开关。在司机下达允许开门指令后，通过操纵台的开关按钮进行侧门的集控开关，开/关门按钮灯亮的同时蜂鸣器响起。当司机按下操纵台上的车门释放按钮后，有以下两种开门方式：

（1）乘客通过按动"开门按钮"打开本车厢该侧车门。

（2）司机在司机室内操作，同时打开全列一侧车门。

3. 正常关门操作

（1）正常情况下，车门打开 30 s 后会自动关闭。如果系统探测到有乘客移动，车门会自动打开，30 s 后再次关闭。

（2）司机可在司机室操纵，集中控制关门。

（3）侧门立柱设置的操作装置包括光栏装置、紧急开门装置及本地控制面板。其中，本地控制面板上设有状态指示灯和使用三角钥匙的操作开关。

4. 紧急开门装置

每个门有两个紧急开门装置，一个在内部，一个在外部。内部紧急开门装置位于侧门立柱内侧，外部紧急开门装置位于开口后面的裙板内侧，如图 1-1-16 所示。

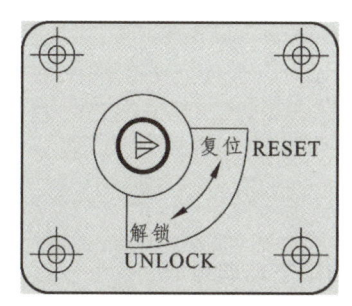

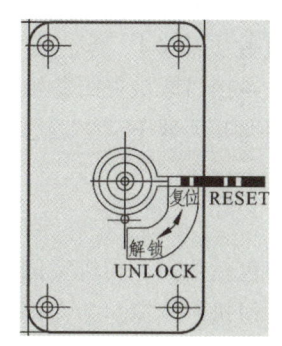

（a）外部开门装置（只用三角钥匙）　（b）内部开门装置（手柄开门，三角钥匙复位）

图 1-1-16　CRH1 型紧急开门装置

1）在有电情况下的紧急开门操作

（1）用三角钥匙开关"本地操作"，黄灯亮起。

（2）用三角钥匙开关"开/关本地车门"，红灯亮。直到车门完全打开前不得松手。

（3）关门用三角钥匙插入"开/关本地车门"，复位即可。

2）在断电情况下的紧急车门操作

（1）打开车内紧急开门装置，按下红色手柄，用手拉开车门。

（2）关门时，先手动把门合上，并用三角钥匙插于内部开门装置中的锁芯，复位即可。

5. 侧门控制

（1）只要任一侧门处于开启状态，列车就不能开动。

（2）系统探测到车门附近有人或物移动时，将停止关门动作。

（3）侧门具有防挤压功能。

（二）内部门

内部门有手动车门和自动车门。手动车门包括司机室门和厕所门；自动车门包括风挡门和过道门，都是电动感应式双扇拉门。风挡门位于每辆车的端部，过道门位于各车的过道和客室之间。

1. 过道门和风挡门的钥匙开关和主开关

钥匙开关设有 A（自动）、C（关门锁定）、O（开门锁定）三个工位，用于设定车门的操作模式。主开关用于运行期间将门机构进行隔离。当主开关被启动时，无论钥匙开关处于哪个工位，车门即关闭，然后可被手动打开。

2. 过道门和风挡门的开关操作

当钥匙开关在"A"时，门可自动开关并具有防挤压功能。当门立柱发出"清洁模式"的指令时，所有的过道门和风挡门都被打开并锁定。当司机室发出"火灾模式"的指令时，所有的风挡门被关闭并锁定。可以手动将其打开，但它们会自动返回关闭状态。

当钥匙开关处于"O"位时，车门处于打开锁定位。当司机室发出"火灾模式"的指令时，风挡门即被关闭并锁定。

当钥匙开关处于"C"位时，车门处于关闭锁定位。

（三）车窗

车窗包括侧窗、司机室侧窗、盲窗和挡风玻璃。

（1）司机室侧窗包括左侧窗和右侧窗，由隔热的中空玻璃组成。

（2）必要时，司机室侧窗可用作紧急出口，如图1-1-17所示。

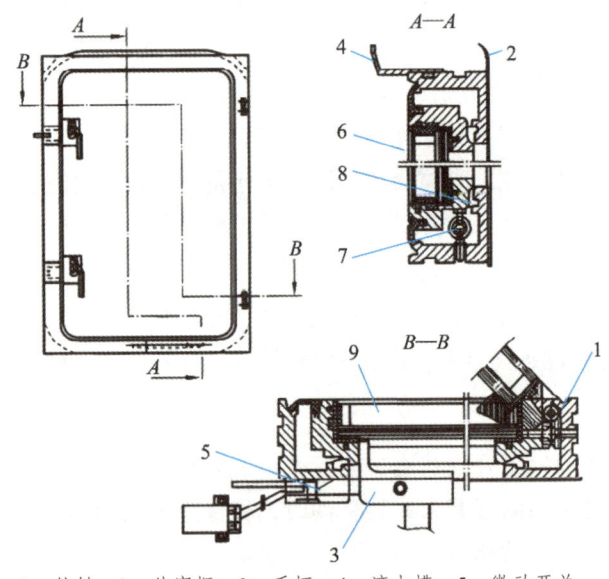

1—铰链；2—外窗框；3—手柄；4—滴水槽；5—微动开关；
6—外窗玻璃板；7—气体支杆；8—内橡胶条；9—折叠部分。

图1-1-17　司机室侧窗

（3）盲窗是为车体美观而设置的一块不透明窗户，其与侧窗一起形成一个长窗。

（4）盲窗由单层钢化玻璃构成，内部丝网印刷成黑色，如图1-1-18所示。

（5）司机室的挡风玻璃由两块安全玻璃组成，内窗玻璃板有一层车窗保护膜，防止发生事故或石头冲击时玻璃破碎伤害到司机。

（四）座位

1. 一等座位

一等座位为"2+2"布置，每个座椅的扶手处设有一

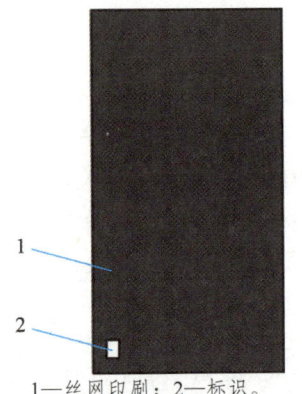

1—丝网印刷；2—标识。

图1-1-18　盲窗

个调节按钮，用于调节座椅靠背的角度。一等车座椅主要包含织物衬套、头枕片、扶手、小桌板、杂志网、脚蹬等部分。

2. 二等座位

二等座位为"3+2"布置，座椅主要包含织物衬套、头枕片、小桌板、杂志网等部分。

3. 座椅旋转方法

座椅设有转向调整装置。通过踩下座椅下部踏板，逆时针旋转座椅，就可以改变座椅方向。

（五）乘务室

乘务室设在5号车厢，设有车载信息系统智能显示器、旅客信息服务系统和烟火报警装置显示屏。

三、动车组的服务设备

（一）照明设备

1. 照明设备概要

（1）客室和乘务员室天花板上、行李架和功能面板上设荧光灯。
（2）在过道和厕所外部区域天花板上设紧凑型荧光灯。
（3）厕所、风挡过道和乘务员室外部区域天花板上设聚光灯。
（4）过道内直接在乘客区域外门上方设聚光灯。
（5）乘客座椅上方设阅读灯。

2. 照明控制开关位置

列车照明可通过列车网络系统集中控制。其他辅助照明控制开关主要有门立柱开关、司机室及乘务员室电灯开关、厨房和餐厅区照明开关、阅读灯开关。
（1）门立柱照明控制开关设置在1号、5号和0号车上。
（2）司机室及乘务员室电灯开关设置在司机室及乘务员室。
（3）厨房和餐厅区照明开关设置在厨房。
（4）阅读灯开关安装在行李架上。

3. 照明控制

照明控制主要分为一般照明控制和紧急照明控制。
（1）"一般照明"是指除厨房灯、阅读灯、过道车内外门聚光灯及司机室室内照明和乘务员室车顶聚光灯以外的照明，可以在司机室集中控制或在本车门立柱通过三角钥匙单独控制。"一般照明"打开时，客室照明、餐厅区域客室照明、厨房照明、阅读灯照明可单独控制。

（2）"紧急照明"是指在电池充电失效时，由蓄电池系统进行供电的照明。紧急照明期间，餐厅区域客室照明可被单独控制。

（3）外门照明根据车门系统状态进行自动控制。

（4）司机室和乘务员车顶聚光灯单独由司机室及乘务员室电灯开关控制。

（二）卫生系统

卫生系统的功能是提供净水和收集废水。

1. 卫生系统的主要设备

1）卫生间

卫生间分为坐式和蹲式两种，均为集便器卫生间。卫生间内设有整容镜、洗手盆、感应式水龙头、按压式洗手液装置、电源插座、按压式冲洗装置、垃圾箱、烟火感应装置。残疾人卫生间内还有婴儿护理台和求助按钮等设备。当旅客在卫生间内发生紧急情况时，按下求助按钮，立即发出报警声，同时乘务室内显示屏显示求助信息。每个卫生间门框旁边设有"有/无人显示"装置。

2）供水箱

除 5 号车外，每个卫生间有一个供水箱。

3）污水箱

5 号车有两个污水箱，其他车各有一个污水箱。

2. 卫生系统的设置区域

卫生系统的设置区域如图 1-1-19 所示。

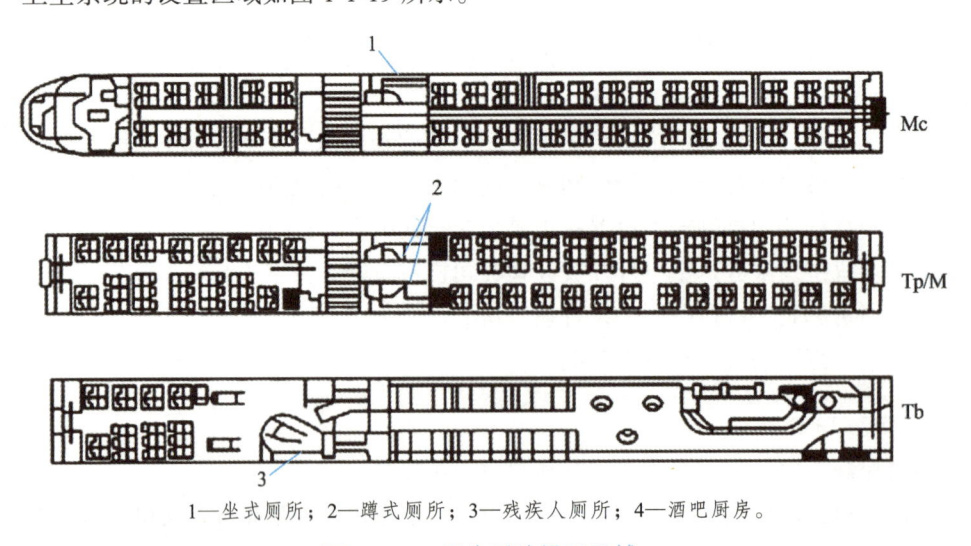

1—坐式厕所；2—蹲式厕所；3—残疾人厕所；4—酒吧厨房。

图 1-1-19　卫生系统设置区域

模块一　认识动车组服务设施设备

3. 卫生系统污水箱位置

卫生系统污水箱位置如图 1-1-20 所示。

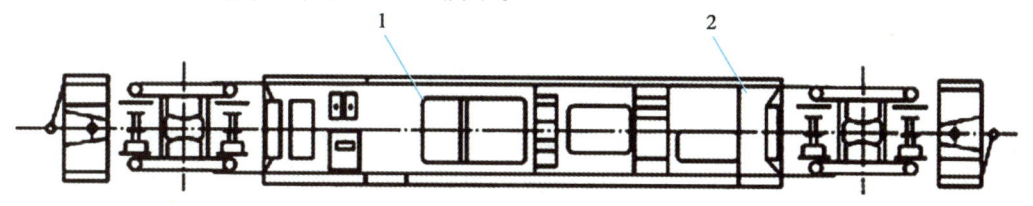

1—污水箱（在所有车的同一位置）；2—酒吧区的污水箱（仅 Tb 车）。

图 1-1-20　卫生系统水箱位置

4. 厨房卫生系统指示面板

厨房内设有厨房卫生系统指示面板，提供酒吧区/残疾人厕所的供水箱和酒吧区污水箱的液位指示，如图 1-1-21 所示。

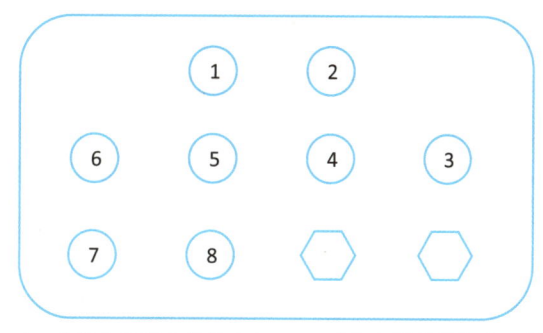

1—残疾人厕所警报指示灯；2—残疾人厕所警报指示蜂鸣器；
3—酒吧区/残疾人厕所供水箱液位指示，高于 90%；
4—酒吧区/残疾人厕所供水箱液位指示，高于 50%；
5—酒吧区/残疾人厕所供水箱液位指示，高于 25%；
6—酒吧区/残疾人厕所供水箱液位指示，已空或低于 25%；
7—酒吧污水箱液位指示，80%；8—酒吧污水箱液位指示，满。

图 1-1-21　卫生系统指示面板

5. CRH1 型动车组水箱、厕所、污物箱

CRH1 型动车组水箱、厕所、污物箱概况见表 1-1-2。

表 1-1-2　CRH1 型动车组水箱、厕所、污物箱概况

序号	车种项目	Mc1 一等座车	Tp1 二等座车	M1 二等座车	M3 二等座车	Tb 餐车座车合造车	M2 二等座车	Tp2 二等座车	Mc2 一等座车
1	水箱容积/L	630	860	860	860	1 000	860	860	630
2	水箱可用时间/h	48	48	48	48	48	48	48	48
3	厕所形式	1 坐	2 蹲	2 蹲	2 蹲	1 坐（残疾人厕所）	2 蹲	2 蹲	1 坐
4	污物箱容积/L	650	650	650	650	910	650	650	650
5	污物箱集污时间/h	48	48	48	48	48	48	48	48

知识拓展

　　CRH1 主要用于城际运输，加上车体外观与地铁列车相似，而其原形车（Regina C2008）在国外都是以两节或三节短编组运行，所以中国国内铁路迷普遍将 CRH1 型动车组称为"地铁"。

（三）乘客信息系统和影音系统

1. 乘客信息系统

乘客信息系统提供与运行相关的信息，主要具有两项功能：

（1）车内电子显示屏设在每个车厢两端的过道门上方，将有关运行的信息贯通显示在整个列车的电子显示屏上（显示车号、厕所有无人，以及与运行相关的信息等），并伴有通过扬声器系统播出的数字声音。

车外电子显示屏设在每节车厢的车体两边外侧面，显示列车运行区间、车次和车厢序号。

（2）提供列车乘务员与乘客之间的声音通信。

2. 影音系统

影音系统提供影像和音乐播放，主要有三项功能：影像放映、MP3 音乐播放、FM 无线电广播。在一等座车和餐吧车内播放视频和音乐。全列车播放 MP3 音乐以及 AM/FM 广播。

3. 紧急通话

每个车厢过道靠近外门处设有紧急通话单元。出现紧急情况时，乘客通过紧急通话单元可实现乘客与司机的通话。

乘客紧急通信方法如下：

（1）乘客可按红色启动按钮或拉紧急手柄启动紧急通话单元。

（2）启动后，该紧急通话单元的红色 LED "等待"被启动；司机室播出注意提示音，按钮"紧急通话"开始闪亮；已启动的紧急通话单元的指示就显示于 IDU 和 PIS 显示屏上。

（3）司机按"紧急通话"按钮。

（4）按钮变为一直亮着，注意提示音播放停止；紧急通话单元的"通话"绿色 LED 亮起，乘客可与司机通话。

（5）司机保持"通话"按钮处于按下状态，通过麦克风向乘客讲话。特殊紧急通话单元的"等候"红色 LED 被启动。

（6）司机释放"通话"按钮，等候乘客的回话；紧急通话单元的"通话"绿色 LED 亮起，乘客即可与司机讲话。

（7）司机再按一次亮着的"紧急通话"按钮，结束通话。

4. 广播系统

广播系统能自动播放音乐、播放预先储存的节目。车内联络电话设在司机室、乘务员室、吧台内。根据需要，每部电话均具备全列广播、单独拨号对讲功能。

知识拓展

动车组的主要技术特点

高速动车组集成了一系列当代高新技术：交流传动技术、复合制动技术、高速转向架技术、高强轻型材料与结构技术、减阻降噪技术、密封技术、高速受电弓技术、现代控制与诊断技术。

动车组的特点主要包括：固定编组、动力集中或动力分散、密接车钩、整体运用、整体保养检修、大修前不解体、采用网络控制、交流传动/液力传动、制动系统完整设计。

高速动车组的特点主要包括：头部流线型；车体轻量化；高速转向架；高速受流技术；车厢密闭、空调换气；高功率质量比；低噪声、低轮轨力；配备现代化动车段、综合维修基地。

【任务实施】

本任务的实施要求如表 1-1-3 所示。通过本任务，学生可以全面了解动车组的各种车型及其特点，提升专业素养和实践能力。同时，分组合作和小组报告的形式也有助于培养学生的团队协作和沟通表达能力。

表 1-1-3　任务实施要求

项目	实施要求
任务分组	☆学生分为若干小组，每组 5~6 人，以便于讨论和交流； ☆分组时应考虑学生的专业背景、学习能力和性别等因素，确保各组的多样性和均衡性； ☆每组需选出一名组长，负责协调组内活动，并确保任务的顺利进行
实施场所	☆可在学校的动车模拟实训室或相关教学场地进行； ☆如有条件，也可以组织学生前往真实的动车组维修基地或车站进行实地学习和观察

续表

项目	实施要求
场景要求	☆ 教师需准备动车组车型的相关资料，包括图片、视频和模型等，以便学生进行直观学习； ☆ 实训室或教学场地应布置成类似动车组车厢的环境，增强学生的沉浸感和实操体验感； ☆ 教师应设定具体的学习目标和问题，让学生在场景中寻找答案，如识别不同的动车组车型，了解其特点和应用场景等
任务考核	☆ 采用小组报告和个人测试相结合的方式进行考核； ☆ 小组报告要求详细介绍所了解的动车组车型及其特点； ☆ 个人测试则通过选择题或简答题的形式考核学生对动车组车型知识的掌握情况

【评价考核】

本任务的评价考核标准如表 1-1-4 所示。

表 1-1-4　任务评价考核标准

序号	评分项目	扣分点	备注
1	车型特点（40%）	车型特点回答错误或遗漏； 车型特点与实际不符	出现以下问题判不合格： （1）小组中有两人以上缺席演练； （2）严重扰乱课堂秩序； （3）有其他触及岗位红线的行为
2	设备名称（20%）	设备名称回答错误或遗漏； 设备名称与实际不符	
3	设备数量（10%）	设备数量回答错误； 设备数量统计不准确	
4	设备作用（20%）	设备作用描述不准确或错误； 遗漏设备的重要作用	
5	车型最新技术（10%）	对车型最新技术不了解或描述错误； 遗漏车型的重要最新技术特点	
	合计		

【归纳总结】

完成本任务学习之后，请认真进行归纳总结，填写表 1-1-5。

表 1-1-5 任务总结

任务名称：		日期：	
专业：	班级：		姓名：
索引区域 （对本任务所学内容进行要点提炼）	笔记区域 （记录本任务中的重点、难点和中心思想，对未掌握部分进行梳理）		
总结区域 （对本任务所学内容进行归纳总结）			

【知识练兵场】

一、选择题

1. 动车组与传统列车相比,以下哪项不是其主要优势?(　　)
   A. 速度更快
   B. 乘坐更舒适
   C. 票价更便宜
   D. 节能环保

2. 在动车组上,旅客可以通过哪些方式了解列车运行信息和娱乐节目?(　　)
   A. 乘务员口头通知
   B. 车厢内显示屏
   C. 手机 APP 查询
   D. 所有以上方式

二、判断题

1. 动车组通常只在大城市之间运行,不会经过乡村和小镇。(　　)

2. 每个车厢过道靠近外门处设有紧急通话单元。出现紧急情况时,通过乘客紧急通话单元可实现乘客与司机的通话。(　　)

三、填空题

1. 中国铁路高速动车组简称_____。

2. CRH1 型动车组列车包括 CRH1A、CRH1B 和 CRH1E,采用_____制动。

3. CR 系列动车组为中国标准动车组,也称_____。

任务二　动车组主要服务设备和岗位设备

【任务情景】

作为一名动车组服务人员,你即将开始一天的工作。在登上动车之前,你需要全面了解动车组上的各种服务设备,包括餐车、卫生间、座椅调节系统等设施,以确保能为乘客提供舒适便捷的旅行体验。同时,你还需要熟悉自己的岗位设备,如安全设备、通信工具等,以应对紧急情况。你的目标是通过细致观察和实际操作,全面提升自己对动车组服务设备的了解和操作能力。

【任务目标】

学习目标:

☆ 掌握动车组的主要服务设备知识,包括但不限于餐车、卫生间、座椅调节系统、行李存放区等的功能与布局。

☆ 深入了解动车组的岗位设备,如安全设备、紧急制动系统、通信工具等,明白其在列车运行中的重要性及使用方法。

技能目标:

☆ 能够熟练操作动车组的各项服务设备,为乘客提供高效、便捷的服务。

☆ 在紧急情况下,能够迅速、准确地使用岗位设备进行应急处理,确保乘客与员工的安全。

素养目标:

☆ 培养高度的职业素养,对动车组的设备保持持续学习与关注,及时更新自己的知识库。

☆ 面对设备故障或其他突发状况时,能够冷静、果断地做出判断,展现出优秀的应急处理能力与团队合作精神。

高铁之窗

中国首列市域动车组列车下线

2017年3月31日,温州市域铁路S1线时速140 km市域动车组在中车青岛四方机车车辆股份有限公司成功下线。这是中国自主研制的第一列市域动车组,它的问世,填补了中国市域铁路客运装备领域的空白。

市域铁路是大城市市域范围内的新型客运轨道交通方式,是为城市中心城与周边新城(郊区)或组团城市各城镇之间提供快速、大容量、公交化服务的轨道交通系统,服务通勤、通学、通商等规律性客流,出行距离一般为50~100 km。市域动车组是基于先进的高速动车组技术和成熟的A型地铁车辆技术,集合两者优势"基因",为市域铁路"量身打造"的一种新型轨道交通工具。它既具备载客量大、快起快停、快速乘降等地铁车辆的优点,又拥有速度快、舒适性高等高速动车组的优势,特别适合市域铁路快速、大运量、公交化、乘坐舒适等运营需求。

列车采用4辆编组,最大载客1328人。该市域动车组最高能以时速140 km持续运行,且加减速能力与地铁相当,能像地铁一样"快起快停",缩短全程运行时间。与地铁的平均旅行速度一般为每小时30~35 km相比,市域动车组的平均旅行时速不低于55 km,按照大站快车模式运行,平均旅行时速可达到80 km。

该市域动车组由中车四方股份公司自主研发,具有完全自主知识产权,列车的车体、转向架、牵引制动、网络控制等核心技术完全自主化,整车国产化率达到了98%以上。

——参考消息网

【知识链接】

一、动车组主要服务设备

微课:动车组服务设备

(一)旅客座椅及车厢内设施

动车组车厢内的座椅设计充分考虑了旅客的舒适性,提供多种类型的座椅,包括二等座、一等座和商务座等(见图1-2-1~图1-2-3)。座椅配备有可调节的靠背和扶手,以及个人娱乐设施,如液晶显示屏、音频插孔等。车厢内还设有行李架、阅读灯、空调等设施,为旅客提供舒适的乘车环境。

图 1-2-1　二等座

图 1-2-2　一等座

图 1-2-3　商务座

025

（二）卫生间及洗漱设施

动车组车厢内设有卫生间和洗漱设施，方便旅客解决个人卫生问题。卫生间内配备了坐便器、洗手池、镜子等设施（见图1-2-4）。

图1-2-4　卫生间及洗漱设施

（三）餐饮及售货服务设施

动车组车厢内设有餐饮和售货服务设施，为旅客提供多样化的食品和饮料选择（见图1-2-5）。车厢内还设有售货车或售货柜，提供零食、饮料、杂志等。

图1-2-5　餐饮及售货服务设施

（四）娱乐及信息服务设施

动车组车厢内配备了娱乐和信息服务设施，如液晶显示屏（见图1-2-6）、音频插孔等，为旅客提供丰富多彩的娱乐节目和信息服务。旅客可以通过这些设施观看电影、听音乐、浏览新闻等。

模块一　认识动车组服务设施设备

图 1-2-6　娱乐和信息服务设施

二、动车组岗位设备

动车组岗位设备是乘务员在工作中所需的设备，用于帮助乘务员更好地为旅客服务，同时确保列车运行的安全和顺畅。

微课：动车组岗位设备

（一）列调对讲机

列调对讲机是列车调度员与列车乘务员之间进行沟通的重要工具，用于传达列车运行指令、报告列车状态等，如图 1-2-7 所示。

图 1-2-7　列调对讲机

（二）客运对讲机

客运对讲机用于列车乘务员与旅客之间进行沟通，解答旅客的问题，提供及时的服务和帮助，如图 1-2-8 所示。

图 1-2-8　客运对讲机

（三）列车手持验票终端

列车手持验票终端用于列车乘务员对旅客车票进行验票，确保旅客乘车的合法性，如图 1-2-9 所示。

图 1-2-9　列车手持验票终端

（四）GSM-R 手持终端

GSM-R 手持终端是一种无线通信设备，用于列车乘务员之间的通信和列车调度，确保列车运行的安全和顺畅，如图 1-2-10 所示。

图 1-2-10　GSM-R 手持终端

（五）巡检仪

巡检仪用于列车乘务员对列车设备和设施进行巡检，及时发现并处理潜在的安全隐患，如图 1-2-11 所示。

图 1-2-11　巡检仪

（六）蓝牙识别器

蓝牙识别器用于列车乘务员对旅客的身份信息进行识别和验证，提高列车安全管理的效率，如图 1-2-12 所示。

图 1-2-12　蓝牙识别器

（七）查危仪

查危仪用于对旅客行李和列车内部进行安全检查，确保旅客和列车的安全，如图 1-2-13 所示。

图 1-2-13　查危仪

（八）餐售终端机

餐售终端机用于列车乘务员为旅客提供餐饮服务，方便旅客在列车上购买餐食和饮料，如图 1-2-14 所示。

图 1-2-14　餐售终端机

（九）补票机

补票机用于列车乘务员为未购票的旅客补票，确保列车收入的完整性和合法性，如图 1-2-15 所示。

图 1-2-15　补票机

知识拓展

动车组消防设备——灭火器

1. 配备车型

CRH1、CRH2、CRH3、CRH5 型动车组上均配备灭火器。

2. 配备位置和数量

每节车厢两端分别设干粉和手提式水雾灭火器 2 个，每个司机室各增设 1 个。灭火器应由定期专业维修企业，按照国家有关规定进行检查维修，张贴维修标志，并在灭火器筒体上涂打到期时间（××年××月到期）。干粉、二氧化碳灭火器维修期限为 1 年，水型灭火器维修期限为 3 年。

3. 适用范围和使用范围

1）干粉灭火器

由于充装干粉灭火剂不同，适用场所也不同。碳酸氢钠和碳酸氢钾干粉灭火器适用于扑救易燃液体、可燃气体的初期火灾。磷酸铵盐干粉灭火器除可扑救上述物质的初期火灾外，还可扑救固体物质的初期火灾。总之，干粉灭火器适用于扑救石油、石油产品、油漆、有机溶剂和电气设备等火灾。

使用干粉灭火器时，取下灭火器，拔掉保险销，将喷嘴对准火源根部（带软管的灭火器，要紧握软管喷嘴），压下压把，快速推进，直至将火扑灭。

2）手提式水雾灭火器

手提式水雾灭火器可扑灭 A 类（可燃固体）、B 类（可燃液体）、C 类（可燃气体）及一般电器火灾，有效期为 3 年。该灭火器具有抗 3.6 万伏电压的特点，是现阶段比较适合铁路电气化区段的新型灭火器。使用方法与干粉灭火器相同。扑灭电器火灾时，灭火距离不少于 1 m。灭火后处理现场时，必须切断电源。

【任务实施】

本任务的实施要求如表 1-2-1 所示。通过本任务，学生可以全面了解动车组主要服务设备和岗位设备。同时，分组合作和小组报告的形式也有助于培养学生的团队协作和沟通表达能力。

表 1-2-1　任务实施要求

项目	实施要求
任务分组	☆ 将参与任务的学生分成若干小组，每组 5～6 人，确保每个小组内成员的专业背景和技能水平相对均衡； ☆ 每组选出一名组长，负责协调组内成员的工作，并与教师进行沟通； ☆ 小组成员之间需相互协作，共同完成任务
实施场所	☆ 在动车组模拟实训室，模拟动车组车厢内部环境，配备相应的服务设备和岗位设备； ☆ 如有条件，可以组织学生前往真实的动车组维修基地或车站进行实地学习和观察
场景要求	☆ 动车组模拟实训室应尽可能还原真实的动车组车厢环境，包括座椅、行李架、卫生间、餐饮设备等； ☆ 教师应提供动车组服务设备和岗位设备的详细资料，包括设备名称、功能、使用方法等； ☆ 学生需根据教师提供的资料，在模拟实训室中找到对应的设备，并进行操作演示； ☆ 学生应能够准确识别并描述各种设备的作用和操作方法，以及在使用过程中可能遇到的问题和解决方案
任务考核	☆ 识别能力考核：学生能否准确识别动车组内的各种服务设备和岗位设备，并能指出它们的用途和功能； ☆ 操作能力考核：学生能否正确操作这些设备，包括但不限于开启/关闭设备、调节设备参数等； ☆ 团队协作能力考核：小组内成员是否能够有效沟通、协作完成任务； ☆ 问题解决能力考核：在遇到设备故障或操作问题时，学生能否迅速找到问题所在并提出解决方案； ☆ 报告撰写能力考核：任务完成后，学生需提交一份详细的报告，内容包括设备识别、操作过程、遇到的问题及解决方案等。教师将根据报告的完整性、准确性和逻辑性进行评分

【评价考核】

本任务的评价考核标准如表 1-2-2 所示。

表 1-2-2　任务评价考核标准

序号	评分项目	扣分点	备注
1	设备名称（30%）	设备名称回答错误； 设备名称遗漏； 设备名称与实际设备不符	出现以下问题判不合格： （1）小组中有两人以上缺席演练； （2）严重扰乱课堂秩序； （3）有其他触及岗位红线的行为
2	设备用途（30%）	设备用途描述不准确； 设备用途遗漏重要部分； 设备用途与实际功能不符	
3	设备定位（30%）	设备定位描述错误； 设备定位不清晰或模糊； 设备定位与实际应用场景不符	
4	语言规范（10%）	语言表述不规范； 使用不恰当的术语或词汇； 语言表述不清晰或存在语法错误	
	合计		

【归纳总结】

完成本任务学习之后，请认真进行归纳总结，填写表 1-2-3。

表 1-2-3　任务总结

任务名称：		日期：	
专业：	班级：		姓名：
索引区域 （对本任务所学内容进行要点提炼）	笔记区域 （记录本任务中的重点、难点和中心思想，对未掌握部分进行梳理）		
	总结区域 （对本任务所学内容进行归纳总结）		

【知识练兵场】

一、选择题

1. 下列动车组的主要服务设备中，（   ）是为了满足旅客在旅途中餐饮需求而设置的。

　　A. 旅客座椅

　　B. 行李架

　　C. 餐饮及售货服务设施

　　D. 空调

2. GSM-R 手持终端在动车组中的主要作用是（   ）。

　　A. 对旅客车票进行验票

　　B. 用于列车乘务员与旅客之间沟通

　　C. 用于列车乘务员之间的通信和列车调度

　　D. 对列车设备和设施进行巡检

3. 列车手持验票终端的主要功能是（   ）。

　　A. 传达列车运行指令

　　B. 解答旅客问题

　　C. 对旅客行李进行安全检查

　　D. 对旅客车票进行验票

二、判断题

1. 巡检仪用于列车乘务员对列车设备和设施进行巡检，及时发现并处理潜在的安全隐患。（   ）

2. 蓝牙识别器用于对旅客行李和列车内部进行安全检查，确保旅客和列车的安全。（   ）

三、填空题

1. 列调对讲机是_____与_____之间进行沟通的重要工具，用于传达_____、_____等。

2. 客运对讲机用于列车乘务员与旅客之间进行沟通，解答_____的问题，提供及时的_____。

模块二

认识动车组列车的乘务组

　　动车组列车的乘务组是确保列车安全、顺畅运行的关键力量。列车乘务组由经验丰富的列车长、严谨细致的乘务员以及技术精湛的机械师等成员组成。列车长全盘负责列车的安全运行与旅客服务，需要具备丰富的铁路知识和应急处理能力。列车乘务员则致力于为旅客提供温馨周到的服务，包括车票查验、行李安置、解答旅客疑问等。机械师则承担列车的日常维护和紧急故障处理，确保动车组列车始终处于良好状态。乘务组共同协作，为旅客营造舒适、安全的旅行环境，同时处理各种紧急情况，保障列车运行的平稳有序。动车组列车的乘务组不仅是旅客平安出行的守护者，更是铁路服务品质的体现。乘务组的专业素养和服务态度，让每一位旅客都能感受到家的温暖和安心。

任务一　动车组列车乘务组的组成形式

【任务情景】

作为一名新晋列车管理人员,你面临着一项重要任务:组建一支全新的动车组列车乘务组。这不仅关乎列车的安全运行,更直接影响到乘客的出行体验。你需要仔细研究并确定乘务组的最佳组成形式,包括列车长、乘务员、餐饮服务员和安全员等关键岗位。在人数分配上,你要充分考虑列车的运行时间、乘客数量和服务需求等因素,确保团队既能高效协作,又能为乘客提供周到的服务。你的目标是构建一个专业、协作的乘务团队,让每一位乘客在旅途中都能感受到安全、舒适与温馨。为此,你必须深入了解每个岗位的职责与要求,确保人选不仅具备专业技能,更要有良好的服务意识和团队协作精神。这是一项充满挑战的任务,相信你一定能组建起一支优秀的乘务组。

【任务目标】

学习目标:

☆　掌握动车组列车乘务组的基本组成和各岗位的职责。
☆　了解乘务组在动车组列车运行中的重要性。

技能目标:

☆　能够根据动车组列车的运行需求和乘客服务要求,合理配置乘务组成员。
☆　具备分析和优化乘务组组成形式的能力,以提高工作效率和服务质量。

素养目标:

☆　培养团队协作意识和沟通协调能力,以便更好地与乘务组成员合作。
☆　提升职业责任感,能够确保乘务组的工作符合相关标准和规范,为乘客提供安全、舒适的服务。

高铁之窗

动车组列车乘务组——团结协作的典范

2022年12月一个风雪交加的夜晚,从北京开往上海的G113次列车正飞驰在铁轨上。列车乘务组由列车长李华,乘务员张强、王丽、刘杰等人(均为化名)组成。他们平日里就是一支团结协作的队伍,但在这个特殊的夜晚,他们的团结协作精神将面临严峻的考验。

由于遭遇恶劣天气,列车晚点,部分路段还出现了断电情况。车厢内,一些乘客开始焦虑,孩子哭闹声不断。面对这一突发状况,列车长李华迅速召集乘务组成员进行紧急会议,商讨应对策略。李华当机立断,决定启动应急预案。张强负责与维修部门紧急联系,确保列车设备安全;王丽则带领其他乘务员逐个车厢安抚乘客情绪,解释晚点原因,并分发小点心和热水以缓解乘客的焦虑和不适;刘杰则负责实时更新列车运行情况,并通过广播及时向乘客通报。

在北京和上海两地的铁路部门紧密合作下,经过近两个小时的努力,列车终于恢复了正常运行。当列车缓缓驶入上海虹桥火车站时,车厢内响起了热烈的掌声。乘客们对乘务组的敬业精神和高效应对表示由衷的敬意和感谢。

——中国铁路新闻网

案例分析:

集体主义与团结协作:在面对突发情况时,乘务组展现出了高度的集体主义精神。他们迅速分工合作,共同应对挑战,确保了列车的安全运行与乘客的舒适体验。这种团结协作的精神是社会主义核心价值观中"和谐"的重要体现。

服务意识与责任担当:乘务组成员始终将乘客的安全与舒适放在首位,积极为乘客提供服务和帮助。他们的专业素养和服务意识彰显了社会主义核心价值观中"敬业"精神。

应急处理与专业素养:在面对断电和晚点等突发情况时,乘务组能够迅速启动应急预案,有效处理各种问题。这体现了他们的专业素养和应急处理能力,同时也是对社会主义核心价值观中"文明"和"诚信"的实践。

通过这个案例,我们看到了动车组列车乘务组在面对突发情况时展现出的团结协作、敬业奉献和专业素养等优秀品质。这些品质不仅体现了他们的职业素养,更是对社会主义核心价值观的践行和传承。我们应该向他们学习,将这种团结协作、服务人民的精神内化于心、外化于行,为实现社会的和谐稳定贡献力量。

【知识链接】

一、动车组列车乘务组概述

微课：认识乘务组

乘务组在动车组列车运营中占据着举足轻重的地位，他们是确保列车安全、顺畅运行以及为旅客提供优质服务的关键力量。以下将详细阐述乘务组的重要性以及其主要职责和任务。

（一）乘务组的重要性

动车组列车乘务组是铁路客运服务的重要组成部分，其重要性主要体现在以下几个方面。

1. 安全保障

乘务组是列车安全运行的第一道防线。他们负责在列车运行过程中进行安全检查，确保列车设备设施处于良好状态，及时发现并处理安全隐患。在紧急情况下，乘务组还需要迅速启动应急预案，组织旅客疏散，最大程度地保障旅客和列车的安全。

2. 服务提供

乘务组是旅客在列车上最直接的服务提供者。他们的服务态度、服务质量和专业水平直接影响着旅客的出行体验。一个优秀的乘务组能够为旅客提供温馨、周到的服务，让旅客感受到家的温暖，从而提升旅客对铁路客运的满意度和忠诚度。

3. 形象展示

乘务组作为铁路系统的窗口，他们的言行举止、着装仪表都代表着铁路的形象。一个精神饱满、专业规范的乘务组能够向外界展示铁路系统的良好形象，增强公众对铁路客运的信任和好感。

4. 信息传递

在列车上，乘务组是与旅客沟通的重要桥梁。他们负责向旅客传递列车运行信息、安全注意事项等，同时收集旅客的反馈和建议，为铁路客运服务的持续改进提供宝贵的信息支持。

（二）乘务组的主要职责和任务

动车组列车乘务组在铁路客运服务中有着举足轻重的作用。他们不仅负责列车的安全运行，为旅客提供优质的服务，还代表着铁路系统的形象。因此，加强乘务组的培训和管理至关重要，只有不断提升乘务组的专业素养和服务水平，才能为旅客提供更加安全、舒适、便捷的出行体验。动车组列车乘务组的主要职责和任务涉及多个方面，具体包括以下几点。

1. 安全检查与应急处理

乘务组需在列车发车前对列车进行全面的安全检查，确保列车设备设施完好无损。在列车运行过程中，乘务组要密切关注列车运行状态，及时发现并处理异常情况。同时，他们还需要熟练掌握应急预案，以便在紧急情况下迅速采取措施，保障旅客和列车的安全（见图2-1-1）。

图2-1-1　安全检查与应急处理

2. 旅客服务

乘务组要为旅客提供全方位的服务，包括解答旅客咨询、协助旅客上下车、提供餐饮和卫生服务等。在服务过程中，乘务组要注重细节，关注旅客需求，以温馨、周到的服务赢得旅客的满意（见图2-1-2）。

图2-1-2　旅客服务

3. 列车环境维护

乘务组要保持列车内部环境的整洁和舒适,定期清理垃圾、更换座套等。同时,他们还要检查列车设备设施的运行情况,确保其正常运转(见图2-1-3)。

图2-1-3 列车环境维护

4. 信息处理与传递

乘务组要及时获取并传递列车运行信息,包括车次、到站时间、停靠站点等。在列车运行过程中,乘务组还要密切关注旅客动态,及时收集并反馈旅客的意见和建议,为铁路客运服务的改进提供依据(见图2-1-4)。

图2-1-4 信息处理与传递

5. 协作与沟通

乘务组内部要保持紧密的协作关系,确保各项工作顺利进行。同时,他们还要与其他部门保持良好的沟通,共同应对列车运行过程中的各种挑战和问题(见图2-1-5)。

图 2-1-5　协作与沟通

知识拓展

各铁路局的制服

中国铁路共有 18 个铁路局、32 个客运段，除了统一的路服外，各铁路局动车组乘务员基本上都重新定制了制服。这里收集了 5 种最具代表性的客运段制服；由大家来选出哪个最符合你的审美。

1. 兰州铁路局（兰州客运段）

从兰州客运段官方发布的图片来看，动车组乘务员的制服款式有好几种，颜色基本上以蓝色为主，配上蓝白花纹丝巾，给人一种宁静、清新的感觉。

2. 昆明铁路局（中老铁路）

中老铁路乘务员的制服名为"丝路花雨"。袖子上绣着中国牡丹花和老挝占芭花的颜色，代表着中老友谊源远流长，和合与共。两条蓝色和白色的条纹，象征着中老铁路的铁轨。

3. 成都铁路局

成都铁路局动姐的制服，主要以玫红色为主，内搭白色衬衣，其中定制的粉色音视频记录仪是很好的点缀，白色搭配粉色给人一种典雅和明快的感觉。

4. 济南铁路局

济南铁路局动姐的制服众多，且颜值都很高，图中的制服马甲为紫色（与上海铁路局的相似），内搭花色衬衣，庄重中透出一股青春的气息。

5. 郑州铁路局（郑州客运段）

郑州客运段动姐的制服以藏青色为主，内搭红色花纹衬衣和丝巾，给人一种成熟而优雅、深沉而高贵的感觉。

每款制服都有各自的优点和通过制服传达的信息，随着中国铁路不断发展，客运提质工作的不断推进，制服更新换代将会更快，制服的设计也随着审美的变化而不断变化。

二、动车组列车乘务组的组成形式

（一）了解动车组列车乘务组的构成

微课：乘务组岗位职责

动车组列车乘务组是一个高度专业化的团队，由多个角色组成，每个角色都有其独特的职责和任务。了解乘务组的构成对于理解其整体运作和重要性至关重要。

1. 司机（见图 2-1-6）

司机的职责包括：

（1）贯彻执行有关安全生产及旅客运输的规章制度、命令、指示，落实上级布置的各项工作。

（2）负责指挥处理有关行车、列车防护和事故救援等工作；非正常情况下，协助列车长实施应急预案。

（3）列车发生故障时，会同随车机械师按规定程序处理。

（4）负责与调度的日常联络，接受、传达上级命令指示。

图 2-1-6　司机

2. 客运乘务员（见图 2-1-7）

客运乘务员职责包括：

（1）贯彻执行铁路安全生产及旅客运输的规章制度、命令、指示，落实上级布置的各项工作。

（2）负责列车客运安全服务设备设施的卫生保洁；整备质量、餐品供应的检查和"六乘一体"的协调。

（3）负责与司机、随车机械师等岗位保持作业联控，发现设备故障及时反馈给随车机械师处理。

（4）负责办理列车上的客运业务及站车交接，做好旅客服务工作。

（5）负责列车非正常情况下实施应急处置并及时汇报。

（6）负责落实"首问首诉负责制"。

图 2-1-7　客运乘务员

3. 随车机械师（见图 2-1-8）

随车机械师职责包括：

（1）贯彻执行有关安全生产及旅客运输的规章制度、命令、指示，服从列车长指挥，落实上级布置的各项工作。

（2）负责监控列车运行中的技术状态，发现故障及时通知司机和列车长，并采取措施妥善处理。

（3）在司机的指挥下，参与处理有关行车、列车防护和事故救援等工作。

（4）非正常情况下，协助列车长实施应急预案。

（5）负责落实"首问首诉负责制"。

图 2-1-8　随车机械师

4. 公安乘警（见图 2-1-9）

公安乘警职责包括：

（1）贯彻执行有关安全生产及旅客运输的规章制度、命令、指示，服从列车长指挥，落实上级布置的各项工作。

（2）负责维护列车治安秩序，保障旅客生命财产安全。

（3）负责列车司机室的安全保卫工作。

（4）非正常情况下，协助列车长实施应急预案。

（5）负责落实"首问首诉负责制"。

图 2-1-9　公安乘警

5. 餐饮服务人员（见图 2-1-10）

餐饮服务人员职责包括：

（1）贯彻执行有关安全生产及旅客运输的规章制度、命令、指示，服从列车长指挥，落实上级布置的各项工作。

（2）负责餐饮、商品供应，以满足旅客需求；确保饮食安全，做好旅客服务、接待工作。

（3）负责餐车区域卫生保洁、设备检查和安全管理。

（4）负责按规定向"六乘人员"供应乘务餐。

（5）非正常情况下，协助列车长实施应急预案。

（6）负责落实"首问首诉负责制"。

图 2-1-10　餐饮服务人员

6. 随车保洁人员（见图 2-1-11）

随车保洁人员职责包括：

（1）贯彻执行有关安全生产及旅客运输的规章制度、命令、指示，服从列车长指挥，落实上级布置的各项工作。

（2）负责列车运行中、折返站的车内卫生保洁和垃圾处理。

（3）负责车厢内保洁备品的配置、定位、补充及更换。

（4）非正常情况下，协助列车长实施应急预案。

（5）负责落实"首问首诉负责制"。

图 2-1-11　随车保洁人员

三、乘务组的职业素养与技能要求

在动车组列车运营中,乘务组是确保旅客安全、舒适和满意的关键力量。他们不仅代表着铁路部门的形象,还肩负着重要的服务与安全职责。因此,乘务组人员必须具备高度的职业素养和专业技能。

(一)乘务组的职业素养

1. 仪容仪表

仪容仪表是指人的外表,包括服饰、形体、容貌、修饰(妆容、装饰品、发型)。着装和仪容是仪表的重要组成部分。仪表与一个人的道德品质、思想修养、文化素质、生活情调密切相关。仪表是一个人的精神面貌及内在素质的外在表现。

1)修饰仪表的意义

(1)能够给人留下良好的第一印象。

(2)仪表美是自尊自爱的表现。

(3)仪表美是尊重他人的表现。

2)乘务员仪表美的基本规则

整洁卫生、打扮得体、强调和谐、注重修养、自然大方、体现个性。

3)乘务员仪表美的规范

(1)仪容:身体各部位,尤其是口腔的清洁。

(2)服装:展现职业特点,凸显本单位特色。

(3)妆饰:化淡妆,适当合理的配饰。

4)乘务员车厢仪表的注意事项

(1)进入车厢服务之前,应该将头饰、头发稍作整理,不要当着旅客的面整理头发。

(2)列车运行时间较长的情况下,要保持完整的妆容,须注意及时补妆,但不要当着旅客的面补妆。

2. 服务态度

乘务员在服务中所持有的态度,直接决定着其服务质量的高低。

1)乘务员在车厢服务中应该采取的态度

耐心、热情、谦逊、真诚是乘务员在车厢服务中应采取的态度。

2)乘务员在车厢服务中的注意事项

(1)对旅客提出的要求,能做到的情况下应尽量满足;不能做到的,应耐心解释,不能怠慢。

(2)应允旅客的事情一定要做到,不能言而无信。

(3)如无意碰撞或影响了旅客,应及时表示歉意,取得对方谅解,下车送客时还应再次道歉。

（4）在车厢里遇到熟悉的旅客，应主动热情打招呼问候，表示欢迎。

（5）对爱挑剔的旅客也要耐心、热情，决不能发生口角。

（6）对举止不端的旅客，要沉着冷静，态度不能粗暴或盛气凌人，必要时可报告列车长或乘警。

3. 语　言

1）服务语言要求

标准规范、委婉含蓄、适度幽默、随机应变、简洁精练、语言优美。

2）服务语言规范的技巧

（1）使用普通话或外语时，语调应温和、可亲，令人愉快。

（2）使用谦敬语和礼貌语。

（3）对重要旅客采用"姓氏+职务"称呼。

（4）在和旅客交谈中善于聆听，以捕捉宝贵信息，了解对方谈话意图。

3）服务语言禁忌

（1）避免粗俗，严禁使用侮辱性语言。

（2）服务过程中，除非旅客要求，禁止使用方言。

（3）不许使用易使旅客产生不满情绪的语言，如"真麻烦""等着""稍等""自己看吧""没了""不知道""不是我的事""别问我"等。

（4）在车厢内说话要轻声，不能大声说笑。

（5）不对旅客评头论足。

（6）不打听旅客的年龄、收入、衣饰价格和其他私事。

（7）避免与旅客谈论政治问题。

知识拓展

乘务员站姿

头正　颈直　肩平

胸挺　腹收　腰直

臀紧　膝提　趾抓

两眼平视前方

面带微笑　下颚微收

双手自然垂于体侧

（二）乘务组的服务技巧

1. 塑造积极热情的第一印象

"先入为主"的第一印象对于人的心理会产生重要影响，所以迎宾服务作为旅客正式踏上旅程、接受列车服务的第一步，就显得非常重要。

1）迎宾的仪容形象

列车乘务员上岗时应穿着统一的制服，佩戴职务标识，淡妆上岗。迎宾的仪容仪表可简要归纳为发必齐，须必剃，甲必剪，妆必淡，帽必正，鞋必净。

2）迎宾的语言声调

迎宾时，要讲普通话，语调应亲切，音量要适中。这个时候我们可以让"十字"礼貌用语大显身手："请""您好""对不起""谢谢"等。同时，"别客气""请稍等""您慢上""请出示车票""请不要带危险品上车""请注意脚下"等基本用语也应当常挂在嘴边。恰当地使用敬语、谦语、雅语，有时可收到想不到的效果。另外，"喂、哎、老头、老太太"等粗言粗语、高声喊叫应当杜绝，因为无论何时，暖人心田的温言软语都比呼来喝去更容易让人接受。

3）迎宾的举止行为

站立是列车迎宾工作中最基本的举止，也是最重要的举止，所以站姿丝毫马虎不得。试想，如果在车门立岗时七歪八倒、掏耳抠鼻、叉腰抖腿、手插裤兜，给旅客一副大大咧咧、不修边幅的形象，那么即使你其他工作做得再好，旅客对你的评价也要大打折扣。

2. 列车广播要热情洋溢

很多列车乘务员都有这样的感慨：列车就是一个小小的社会。乘务员作为这个小社会的"组织者"和服务者，致好迎宾词，做好列车广播，关系到能否为大家所认同和接受。

我们在致迎宾词和广播时，千万不可面无表情地背诵，根据情况可以适当调整顺序、强调重点，或改变表达方式，做到用词恰当、语言清晰、词义明了、表达准确。照本宣科式地背诵，会让旅客感到你在被迫完成某个作业程序，难免会对你服务的诚意产生怀疑。

广播声音高低要根据情况而定。车厢内人多嘈杂，要适当抬高声音；车厢比较静，就不必高声致辞。声音的高低，以确保绝大多数旅客都能听到为度。女乘务员的声音应清脆明快、细腻甜美。男乘务员则要洪亮有力、简洁干练。

优雅的姿态是有教养、充满自信的完美表达。动车组列车广播大多在车厢通道，要调整好心态，沉着自信，面带微笑，给旅客一种可亲、可信的亲切感。

3. 服务用语技巧

1）问候用语

通常适用于服务人员的问候用语，主要分为两种。

（1）标准式问候用语。在问好之前，加上适当的人称代词，或者其他尊称。例如"您好！""各位好！""先生好！"等。

（2）时效式问候用语。在问好之前加上具体的时间，或者在两者之前加上尊称。例如："早上好！""各位下午好！""小姐早安！"等。

2）迎送用语

（1）欢迎用语又叫迎客语，常用的欢迎用语有："欢迎光临！""欢迎您的到来！""见到您很高兴！"等。

在使用欢迎用语时，通常应当一并使用问候语，必要时还需同时向对方主动施以见面礼。如注目、点头、微笑、鞠躬、握手等。

（2）送别用语又叫告别用语，常用的送别用语有："再见！""慢走！""走好！""欢迎再来！""一路平安！"等。送别用语一定不要忘记使用，千万不要在对方离去时默不作声。

3）感谢语

（1）标准式致谢语。例如"谢谢！"等。

（2）加强式致谢语。有时，为了强化感谢之意，可在标准式致谢用语之前，加上某些副词。最常用的加强式致谢用语有："十分感谢！""非常感谢！""多谢！"等。

（3）具体式的致谢用语。一般是因为某一具体事宜而向人致谢。在致谢时，致谢的原因通常一并提及。例如"有劳您了！""让您替我们费心了！""上次给您添了不少麻烦！""那件事情太让您为我费心了！"等。

4）请托用语

请托用语，通常指的主要是请求他人帮助时，使用的专项用语。

（1）标准式请托用语。主要就是一个"请"字，如"请稍后！""请让一下"等。

（2）求助式请托用语。最常用的是"劳驾""拜托""打扰""借光"等。它们往往是在向他人提出某一具体的要求时使用，如请人让路、请人帮忙、打断别人的交谈等。

（3）组合请托用语。前两者混合在一起使用。"请您帮我一个忙！""劳驾您替我扶一下东西！"等。

5）征询用语

在服务过程中，服务人员需要以礼貌的语言向服务对象进行征询。在进行征询时唯有使用必要的礼貌语言才会取得良好的反馈。主要征询语有："需要帮忙吗？""您有什么事情吗？""我能为您做点儿什么？"等。

6）应答用语

应答语在此特指服务人员在工作岗位上服务于人时，用来回应服务对象的招呼，或者在答复其他询问时，所使用的专门用语。

（1）肯定式应答语。它主要用来答复服务对象的请求，如"好的。""好的，我明白您的意思。""很高兴能为您服务。"等。

（2）谦恭式应答用语。当服务对象对于被提供的服务表示满意，或者是直接对服务人员进行口头表扬、感谢时，一般宜用此类应答语进行应答，主要有"请不必客气！""这是我的荣幸！""这是我们应当做的！""请多多指教！""您过奖了！"等。

（3）谅解式应答用语。在服务对象因故向自己致以歉意时，应及时予以接受，并表示必要的谅解，如"不要紧。""没有关系。"等。

7）赞赏用语

赞赏用语，主要适用于人际交往之中称道或者肯定他人之时。及时而恰当地赞赏，不但可以激励别人，也可以促进和改善双方之间的人际关系。

（1）评价式赞赏用语。它主要用于服务人员对服务对象的行为在适当之时予以评价之用。如"太好了！""真不错！""对极了！""太合适了！""非常出色！"等。

（2）认可式评价用语。当服务对象发表某些见解之后，往往需要由服务人员对其作出评价。在对方的见解的确正确时，一般应对其作出认可，如"还是您懂行。""看来您是一位内行。""真是您说的那么回事。""没错，没错。"等。

（3）回应式赞赏用语。主要适用于服务对象夸奖服务人员之后，由后者回应对方之用，如"哪里，哪里，我做得还很不够。""我做得不像您说得那么好。""承蒙夸奖，真是不敢当，不过得到您的肯定，我非常开心。"等。

8）道歉用语

在工作中，因种种原因而给他人带来不便，或妨碍、打扰对方时，服务人员必须及时地向旅客表达自己的歉意。最常用的道歉语："抱歉！""对不起！""请原谅！""失礼了！""不好意思！""很是惭愧！""真过意不去！"等。

以上就是在服务工作中常用的礼貌用语。在服务过程中，恰到好处地使用礼貌用语，可表现出乘务员的亲切、友好、谦和与善意，还能够传递对服务对象尊重、理解的信息，有助于乘务员与旅客之间相互产生好感，互相达成谅解。

知识拓展

旅客旅行心理需求的表现

1. 安全心理

旅客乘车旅行最根本的需要就是安全的需要，它包括人身安全和财产安全两个方面。每一位旅客都希望有良好的治安秩序，倘若治安不好，会使旅客提心吊胆。为保证旅行安全，旅客常综合考察自然环境状况、社会治安情况和运输工具的安全性等内容，再作出是否旅行的决定。

2. 顺畅心理

送亲友出门旅行时，除了祝福他"一路平安"外，常说的另一句话就是"诸事顺利"，讲的是旅行中的顺利、愉快问题，这也是出门旅行者的一个共性心理需求。

旅客到车站购票，能够顺利地买到自己需要的车票；上车时，人虽然多，但能够顺利地找到座位；在用餐时间，车站或列车上能够提供经济、卫生、可口的食品；食用自带食品时，车站或列车能够随时提供开水；列车在运行途中，因某些原因，如铁路线路施工、意外运行事故等而耽搁，在这种情况下，能否保证列车正点到达终点站；准备换车时，有充裕的时间赶上接续换乘的列车等。这些都是旅客出门旅行的顺畅心理需求。

3. 快捷心理

随着社会的发展，人们的时间观念发生了重大的变化，"快捷"成为旅客一个主要要求。缩短旅行时间，迅速到达目的地，可以节约时间，同时减少旅行疲劳。

4. 方便心理

方便的需要表现在购票、进出站、上下车以及中转乘车等方面的便捷性。"方便"要求减少旅行中的各种中间环节，达到"快捷"的目的。旅客出门旅行，希望处处能够方便，这是一种很普遍的共性心理。

5. 经济心理

经济心理表现在旅行需要的满足程度与所付出的费用和时间相比较，希望在一定的需求得到满足的情况下，所付出的费用和时间最少。

模块二　认识动车组列车的乘务组

6. 舒适心理

随着经济的发展，人们生活水平的提高，旅客对旅行的舒适性的要求提到重要位置，对乘车环境、文化娱乐、饮食、休息睡眠等方面的要求相应提高。这种需要的强度和水平受多种因素影响，特别是旅行时间的长短，往往是起决定作用的因素。

7. 安静心理

旅客出门旅行，离开家或工作场所，来到站、车与其他旅客一起共同旅行，一直处于动荡状态中。在嘈杂的环境中，尽量保持安宁，减少喧哗，动中求静，这是人之常情，是大多数旅客的共同心理需求，尤其是在人较多的候车室和车厢内，要求更为迫切。

8. 受尊重的心理

受尊重是人的正当需要。每一位旅客都希望自己的人格、习俗、信仰、愿望受到客运乘务人员的尊重，能看到热情的笑脸，听到友善的话语，体验到铁路这个临时大家庭的温暖。一旦人格受到屈辱，自尊心受到伤害，便会产生反感，甚至可能导致双方的冲突。

【任务实施】

本任务的实施要求如表 2-1-1 所示。通过本任务，学生可以深入了解动车组列车乘务组的组成形式和工作内容，提升他们的专业素养和实践能力。同时，角色扮演和问答环节也有助于培养学生的应变能力和团队协作能力。

表 2-1-1　任务实施要求

项目	实施要求
任务分组	☆ 将参与任务的学生分成若干小组，每组 4~5 人，分组时应尽量保证组内成员具有不同的专业知识和背景，以促进多角度、全面的讨论； ☆ 每组选出一名组长，负责协调组内成员的工作，并与教师进行沟通； ☆ 统一专业实训服（如条件不允许，可着正装）
实施场所	☆ 此任务可在学校的动车模拟实训室、教室或会议室进行； ☆ 应配备必要的动车组乘务组模拟设备或软件，以便学生进行模拟实操
场景要求	☆ 教师需准备动车组列车乘务组的相关资料，包括乘务组的职责、工作流程等； ☆ 实训室应布置成模拟动车组车厢的环境，或者通过软件模拟动车组运行场景，以便学生更好地理解和体验乘务组的工作内容； ☆ 教师应设定具体的乘务组工作情境，如乘客服务、紧急情况处理等，让学生在模拟中学习和体验

续表

项目	实施要求
任务考核	☆ 采用小组报告、角色扮演和问答相结合的方式进行考核； ☆ 小组报告要求详细介绍动车组列车乘务组的组成形式及其职责； ☆ 角色扮演则要求学生模拟乘务组成员在实际工作场景中进行表现； ☆ 问答环节则通过提问检验学生对乘务组工作的理解和应用能力

【评价考核】

本任务的评价考核标准如表 2-1-2 所示。

表 2-1-2　任务评价考核标准

序号	评分项目	扣分点	备注
1	仪容仪表（10%）	未按规定着装； 标志佩戴不正确	出现以下问题判不合格： （1）小组中有两人以上缺席演练； （2）严重扰乱课堂秩序； （3）有其他触及岗位红线的行为
2	文明用语（10%）	使用不文明、不礼貌或冒犯性的语言； 沟通时语气不当，如过于生硬、冷漠或粗鲁	
3	演练纪律（20%）	演练过程中不遵守规定流程或步骤； 迟到、早退或无故缺席演练； 在演练中嬉戏打闹、不认真对待	
4	自我评价（10%）	自我评价过于夸大或不切实际； 未能准确识别自身在演练中的优点与不足； 缺乏自我反思和改进的意愿	
5	作业规范（50%）	作业内容不完整、不准确或存在错误； 未按照规定的格式或标准完成作业； 作业提交不及时或存在抄袭现象	
	合计		

【归纳总结】

完成本任务学习之后，请认真进行归纳总结，填写表 2-1-3。

表 2-1-3　任务总结

任务名称：		日期：	
专业：		班级：	姓名：
索引区域 （对本任务所学内容进行要点提炼）		笔记区域 （记录本任务中的重点、难点和中心思想，对未掌握部分进行梳理）	
总结区域 （对本任务所学内容进行归纳总结）			

【知识练兵场】

一、选择题

1. 以下对乘务员标准着装描述错误的是（　　）。
   A. 不敞胸露怀
   B. 不赤足穿鞋
   C. 鞋子的颜色为浅色
   D. 不穿露趾鞋

2. 《列车乘务员工作管理规章制度》(以下简称《管规》)规定卧车的枕巾应每（　　）更新1次。
   A. 年
   B. 半年
   C. 季度
   D. 月

二、判断题

1. 多功能室服务于乘务员例会。（　　）

2. 运行时间在3 h以内的列车，一般只播迎送词、服务设备介绍、安全提示、站名和背景音乐。（　　）

三、填空题

1. 乘务员鞋跟高度不超过_____cm，跟径不小于_____cm。

2. 乘务员的面部、双手应保持清洁，身体外露部分无_____，指甲应修剪整齐，长度不超过指尖_____mm，不染彩色指甲。

任务二　动车组乘务员的上岗要求

【任务情景】

作为新晋列车管理人员,你负责动车组列车乘务组的组建工作。为了确保乘务组的专业性和服务质量,你需要明确乘务员的上岗要求。这包括乘务员必须具备的基本身体条件,如良好的健康状况和适宜的身高、体重等,以确保他们能够在紧急情况下迅速应对;除了身体素质,乘务员还需经过专业技能培训,包括安全知识、应急处理以及服务礼仪等;此外,乘务员还需通过心理测试,以评估他们在压力下保持冷静和理智的能力。你的目标是选拔出既具备专业素养又注重服务细节的乘务员,为乘客提供安全、舒适的旅行环境。在确定上岗要求时,你需要综合考虑行业标准和动车组列车的特殊需求,确保所选乘务员能够胜任各种情况下的工作。

【任务目标】

学习目标:

☆ 深入了解动车组乘务员的基本职责和工作环境。
☆ 掌握乘务员上岗前必须具备的资格条件和熟悉的相关法规。

技能目标:

☆ 能够按照动车组乘务员的上岗要求,完成相关的职业技能培训。
☆ 熟练掌握乘务员工作中必备的安全操作、紧急救援及乘客服务技能。

素养目标:

☆ 培养良好的职业操守和责任心,确保乘务员能够以乘客为中心,提供优质服务。
☆ 增强团队合作意识,提升与同事间的沟通协调能力,以应对各种工作挑战。

高铁之窗

动车组乘务员的专业素养与上岗要求

在繁忙的广州南站,每天都有大量的动车组列车往返穿梭。在这个交通枢纽中,乘务员们扮演着举足轻重的角色。其中,乘务员小杨(化名)就是一个典型的例子。

小杨是一名年轻的动车组乘务员,她热爱自己的工作,并始终以高标准要求自己。在上岗前,她经过了严格的培训和考核,不仅熟练掌握了列车服务流程和安全知识,还具备了应对突发情况的能力。有一次,小杨值乘的列车从广州南站出发后不久,就遇到了一位突发疾病的乘客。面对这一紧急情况,小杨迅速启动应急预案,与其他乘务员紧密配合,及时联系了前方站点的医疗救援团队,并为乘客提供了初步的急救措施。在她的努力下,乘客的病情得到了有效控制,并在列车到达下一站点后顺利接受了进一步治疗。

这一事件不仅展现了小杨过硬的专业素养和应急处理能力,也凸显了动车组乘务员上岗要求的重要性。正是因为乘务员们具备了扎实的专业知识和实践经验,才能确保列车的安全运行和乘客的舒适体验。

——人民网·科技频道

案例分析:

专业素养与教育背景: 小杨通过严格的培训和考核,具备了扎实的专业素养和实践能力。这体现了教育背景和专业要求对乘务员职业发展的重要性,同时也彰显了社会主义核心价值观中的"敬业"精神。

责任担当与服务意识: 在面对突发情况时,小杨没有退缩,而是勇敢地承担责任,为乘客提供了及时有效的帮助。她的行为体现了乘务员的责任担当和服务意识,是对社会主义核心价值观中"友善"和"和谐"的实践。

团队协作与集体主义: 在处理紧急情况时,小杨与其他乘务员紧密配合,共同应对挑战。这种团队协作是动车组乘务员上岗要求中的重要一环,也是社会主义核心价值观中"团结"的体现。

通过这个案例,我们看到了动车组乘务员上岗要求的重要性以及他们在工作中的专业素养和服务意识。这些品质不仅关乎乘客的安全与舒适体验,更是对社会主义核心价值观的践行和传承。我们应该重视乘务员的职业素质培养,为社会的和谐稳定贡献力量。

【知识链接】

一、动车组乘务员的基本资格条件

微课：乘务员上岗要求

乘务员是铁路旅客运输的重要一环，他们的专业素养和服务质量直接关系到旅客的出行体验和安全。因此，乘务员的选拔和培养显得尤为重要。下面，我们将详细解读乘务员的基本资格条件，包括学历要求、年龄与身体条件以及专业技能培训等方面。

（一）学历要求

乘务员的学历要求是选拔过程中的一个重要考量因素。通常而言，乘务员应具备中专以上学历，这是为了保证乘务员具备一定的文化素养和知识水平，能够更好地理解和执行工作任务，为旅客提供优质的服务。学历要求的背后，实际上是对乘务员综合素质的一种期望。中专以上学历的人员，通常接受过较为系统的文化知识教育，具备一定的学习能力和适应能力，能够更快地掌握乘务工作的相关知识和技能。同时，一定的学历背景也有助于提升乘务员队伍的整体素质，提高铁路客运服务的质量和水平。

当然，学历并不是唯一的选拔标准。在实际选拔过程中，还会综合考虑应聘者的实际工作经验、个人能力、服务态度等多个方面，以确保选拔出最适合乘务工作的人员。

（二）年龄与身体条件

除了学历要求外，乘务员的年龄和身体条件也是选拔过程中的重要考量因素。乘务员的年龄通常有一定的范围限制。这是因为乘务工作需要具备一定的身体素质和心理素质，而年龄过大或过小的人员可能难以胜任这一工作。一般来说，乘务员的年龄要求在18岁至30岁之间，这个年龄段的人员通常具备较好的身体素质和心理素质，能够适应乘务工作的节奏和压力。当然，具体的年龄要求可能会根据铁路公司的实际情况和招聘需求进行调整。有些铁路公司可能会为了吸引更多有经验的人员，适当放宽年龄限制。

乘务员的身体条件也是选拔过程中的一个重要因素。乘务工作需要长时间站立、走动、服务旅客，因此，要求乘务员具备良好的身体素质。具体来说，对乘务员的身高、视力、听力等都有一定的要求。

身高：为了保证乘务员在列车上能够灵活移动，为旅客提供及时的服务，通常对乘务员的身高有一定的要求。一般来说，男性乘务员的身高要求在170厘米以上，女性乘务员的身高要求在160厘米以上。当然，具体的身高要求可能会因铁路公司和招聘需求的不同而有所差异。

视力与听力：乘务员需要具备良好的视力和听力，以便在列车上准确观察旅客的需求和情况，及时做出反应。通常要求乘务员的裸眼视力或矫正视力达到一定标准，同时要求听力正常，能够清晰地听到列车上的广播和旅客的呼唤。

此外，乘务员还需要具备良好的心理素质和抗压能力，能够在紧急情况下保持冷静、果断应对。这些身体条件和心理素质的要求，都是为了确保乘务员能够胜任这一职业，为旅客提供安全、舒适、高效的服务。

（三）专业技能培训

乘务员在上岗前必须接受相关的专业技能培训（见图 2-2-1），并取得培训合格证书。这是为了确保乘务员具备必要的专业知识和实践技能，能够胜任乘务工作。

图 2-2-1　专业技能培训

专业技能培训通常包括以下几个方面：

（1）铁路客运知识：了解铁路客运的基本流程、规章制度、服务标准等，以便为旅客提供专业的服务。

（2）安全知识与应急处理：学习列车安全知识、应急处理程序等，以确保在紧急情况下能够迅速、准确地采取措施，保障旅客的安全。

（3）服务技能培训：包括沟通技巧、服务礼仪、解决问题的能力等，以提升乘务员的服务质量和效率。

（4）实践操作训练：通过模拟列车运行环境，进行实际操作训练，使乘务员熟悉工作流程和设备操作。

在完成专业技能培训后，乘务员需要参加考核并取得合格证书。只有取得合格证书的乘务员才能正式上岗，为旅客提供服务。这一要求旨在确保乘务员队伍的专业素质和服务水平，提升铁路客运的整体形象和服务质量。

知识拓展

动车组列车车次编排规定

为确保列车车次的全路统一性及有关行车设备和信息系统的正常运行,列车车次编排仅限于使用大写汉语拼音字母和阿拉伯数字,总位数原则上不得超过7位。列车编用车次,旅客列车在全路范围不得重复,旅客列车车次由铁路总公司确定。季节性、特定时间段开行的动车组,全程客运机车牵引的临时旅客列车,可使用相应等级固定车次。

(1)高速动车组旅客列车 G1~G9998("G"读"高")。

其中:

跨局 G1~G5998;

管内 G6001~G9998。

(2)城际动车组旅客列车 C1~C9998("C"读"城")。

其中:

跨局 C1~C1998;

管内 C2001~C9998。

(3)动车组旅客列车 D1~D9998("D"读"动")。

其中:

跨局 D1~D3998;

管内 D4001~D9998。

(4)动车组检测车 DJ5501~DJ5598("DJ"读"动检")。

列车运行方向,原则上以开往北京方向为上行。枢纽地区的列车运行方向,由铁路局规定。列车须按规定编定车次,上行列车编为双数,下行列车编为单数。在个别区间的列车,如按规定运行方向变更车次有困难时,可与规定方向不符。

二、职业素养要求

乘务员的职业素养是确保旅客获得优质服务和舒适旅行体验的关键因素。在众多职业素养中,服务意识、团队合作精神和职业操守尤为重要,以下将详细探讨这三个方面的要求及其在实际工作中的体现。

（一）服务意识

服务意识是乘务员职业素养的核心之一。乘务员的工作本质上就是服务。因此，他们必须具备良好的服务意识，才能为旅客提供高质量的服务。

服务意识首先体现在主动性上。乘务员应能主动发现旅客的需求，而不是等待旅客提出要求。例如，在列车行驶过程中，乘务员可以主动询问旅客是否需要帮助，如调节座椅、提供毛毯或饮料等。这种主动性的服务态度不仅能让旅客感受到温暖，还能提升旅客对整体服务的满意度。服务意识还体现在对旅客的关心和体贴上。乘务员需要时刻关注旅客的状态和需求，尤其是对待老年旅客、儿童、孕妇等特殊群体，更应给予额外的关照。例如，对于老年旅客，乘务员可以主动询问他们是否需要帮助，如搀扶、拿行李等；对于儿童旅客，可以提供一些儿童读物或玩具，以让他们在旅途中更加愉快。服务意识还要求乘务员具备灵活应变能力。在面对旅客的各种需求和问题时，乘务员需要迅速作出反应，提供合适的解决方案。例如，当旅客提出对座位或餐饮的特殊要求时，乘务员应尽力满足，或者提供可行的替代方案。

（二）团队合作精神

团队合作精神是乘务员职业素养的另一重要方面。在高铁列车上，乘务员通常是一个团队一起工作，因此，团队合作精神对于保证服务质量和旅客的舒适度至关重要。

团队合作精神首先要求乘务员之间要相互信任和支持。在面对旅客的各种需求和问题时，乘务员需要相互协作，共同解决问题。例如，当一位乘务员遇到难以解决的问题时，其他乘务员应主动提供帮助和支持，共同为旅客提供满意的解决方案。团队合作精神还要求乘务员之间要有良好的沟通和协调能力。在高铁列车上，乘务员需要随时了解车厢内的情况，包括旅客的需求、车厢的卫生状况等。因此，乘务员之间需要保持畅通的沟通渠道，及时传递信息，确保服务的连贯性和高效性。团队合作精神还要求乘务员具备大局意识。每个乘务员都应该明白自己的工作是整个团队工作的一部分，个人的表现会直接影响到团队的整体表现。因此，乘务员需要时刻关注团队的目标和任务，以团队利益为重，共同完成工作任务。

（三）职业操守

职业操守是乘务员职业素养的基石。乘务员作为高铁列车的服务人员，他们的行为举止直接关系到高铁的形象和旅客的切身利益。

乘务员应严格遵守职业道德规范。这包括尊重旅客、保护旅客的隐私和权益、不泄露旅客的个人信息等。乘务员应以身作则，为旅客树立一个良好的榜样。乘务员应维护高铁的形象。他们代表着高铁的服务质量和企业形象，因此必须时刻保持专业、热情、礼貌的服务态度。同时，乘务员还需要注意自己的仪表仪态，穿着整洁的制服，佩戴好标志，以展现高铁的专业形象。职业操守还要求乘务员要诚实守信。在工作中，乘务员应如实向旅客提供信息，不夸大或隐瞒事实。同时，他们还需要严格遵守公司的规章制度和操作流程，确保工作的规范性和安全性。

三、安全与应急处理能力

在动车组列车运营中，安全与应急处理能力是乘务员不可或缺的核心素养。这不仅关系到旅客的生命财产安全，也直接影响到列车的正常运行和铁路公司的声誉。因此，乘务员必须在安全知识掌握、紧急情况下的应对措施以及应急预案实施等方面具备扎实的基础和实战能力。

（一）安全知识掌握

乘务员作为列车上的安全第一线，必须熟练掌握动车组列车安全知识。这些知识包括但不限于防火、防灾等基本知识，是乘务员在紧急情况下做出正确判断和行动的理论基础（见图 2-2-2）。

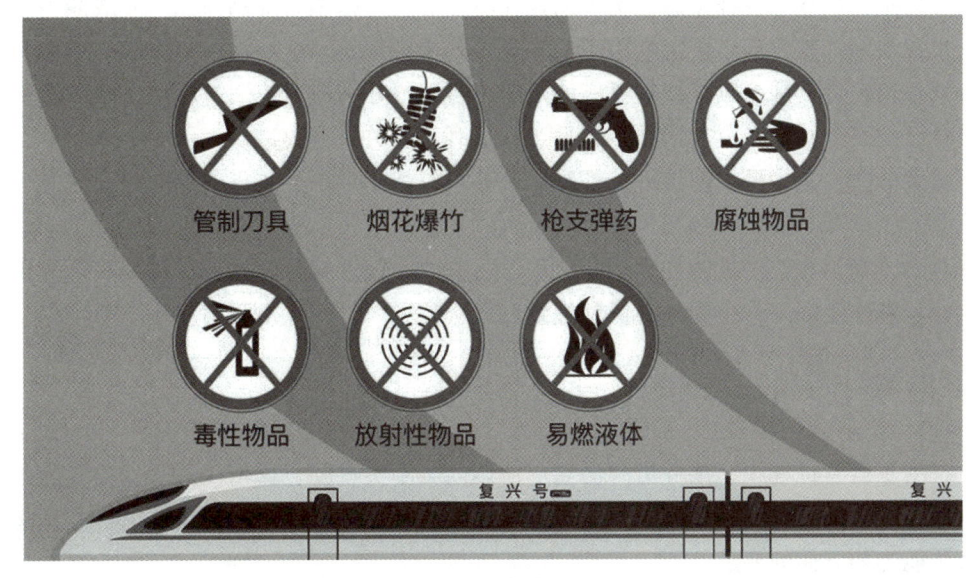

图 2-2-2　安全知识

防火知识：乘务员应深知火灾的严重性和危害性，对列车上可能引发火灾的因素了如指掌，如电器短路、烟蒂等火源。他们需要知道如何预防火灾的发生，比如定期检查电器设备，及时清理潜在的火源等。同时，乘务员还需熟悉列车上的灭火设备和报警系统的使用方法，确保在火灾发生时能够迅速启动应急响应。

防灾知识：除了火灾，乘务员还需了解其他可能发生的灾害，如地震、洪水等自然灾害以及恐怖袭击等人为灾害。对于这些灾害，乘务员需要知道如何快速判断情况，引导旅客采取正确的防护措施，并协助列车长与相关部门进行沟通协调。

（二）紧急情况下的应对措施

在紧急情况下，乘务员的应对措施直接关系到旅客的生命安全。因此，乘务员必须了解并熟练掌握各种紧急情况下的应对措施。

疏散旅客：在火灾、地震等紧急情况下，乘务员需要迅速而有序地疏散旅客。他们应熟悉列车上的安全出口和疏散路线，能够在烟雾或黑暗中引导旅客快速撤离。在疏散过程中，乘务员还需保持冷静，用明确、简洁的指令指导旅客行动，避免恐慌和混乱。

使用灭火器：乘务员应熟练掌握灭火器的使用方法。在火灾发生时，他们需要迅速判断火源类型，选择合适的灭火器进行扑救。同时，乘务员还需了解灭火器的使用时机和注意事项，确保在扑救过程中不会对自身和旅客造成二次伤害。

（三）应急预案实施

为了提高乘务员应对突发事件的能力，定期参与应急预案演练至关重要。这些演练可以帮助乘务员熟悉各种紧急情况下的操作流程和应对措施，提高他们的实战能力。

模拟演练：铁路部门应定期组织乘务员进行模拟演练。这些演练可以模拟火灾、地震等紧急情况，让乘务员在接近真实的场景中进行操作和应对。通过演练，乘务员可以检验自己的安全知识和应对措施是否得当，发现不足并进行改进。

案例分析：除了模拟演练外，铁路部门还可以组织乘务员进行案例分析。通过分析历史上发生的列车安全事故案例，乘务员可以了解事故发生的原因、过程和后果，从而加深对安全知识和应对措施的理解。这种学习方式不仅能够帮助乘务员提高安全意识，还能让他们在实际工作中更加谨慎和细致。

四、沟通与协调能力

在列车运营过程中，乘务员的沟通与协调能力至关重要。这不仅关系到旅客的旅行体验，还直接影响到列车运营的效率与安全。以下将详细探讨对乘务员在语言表达能力和协调能力两方面的要求。

（一）语言表达能力

乘务员作为列车上与旅客最直接接触的工作人员，其语言表达能力的高低直接关系到服务质量和旅客满意度。良好的语言表达能力能够帮助乘务员准确、清晰地传达信息，解答旅客疑问，提供优质服务。

首先，乘务员应使用标准、规范的普通话与旅客交流，避免使用方言或过于专业的术语，以减少沟通障碍。在表达时，乘务员应语速适中、语调平和，让旅客感受到亲切与尊重。同时，乘务员还需注意措辞的恰当性，避免使用可能引起误解或冒犯的言辞。

乘务员应具备良好的倾听能力。在与旅客沟通时，乘务员要全神贯注地倾听旅客的需求和问题，站在旅客的角度思考，确保自己能够准确理解并回应旅客的关切。倾听过程中，乘务员可通过点头、微笑等肢体语言来表达对旅客的关注和尊重。乘务员还需具备一定的外语沟通能力，以适应国际列车或涉外服务的需求。掌握基本的外语口语和书面表达能力，能够帮助乘务员更好地为外籍旅客提供服务，提升铁路服务的国际化水平。

（二）协调能力

列车运营过程中，旅客之间、旅客与乘务员之间难免会出现各种问题和矛盾。此时，乘务员的协调能力就显得尤为重要。

乘务员应具备冷静、客观的分析能力，能够在遇到问题时迅速判断形势，找出问题的症结所在。在与旅客沟通协商时，乘务员要保持平和、友善的态度，尽量化解矛盾，避免冲突升级。例如，当旅客对座位安排、餐饮服务等方面提出异议时，乘务员应耐心倾听旅客的意见，根据实际情况进行合理调整，以满足旅客的合理需求。乘务员还需与其他列车工作人员保持紧密沟通与合作，共同应对各种突发情况和问题。在协调内部关系时，乘务员要发挥团队精神，相互支持、密切配合，确保列车运营的安全与顺畅。为了提高乘务员的沟通与协调能力，铁路部门应定期开展相关培训活动。通过模拟场景演练、案例分析等方式，帮助乘务员提升语言表达和协调处理问题的能力。此外，铁路部门还可邀请心理学、沟通学等领域的专家为乘务员进行专题讲座，传授沟通技巧和情绪管理方法，以全面提升乘务员的综合素质。

五、上岗前的培训与考核

乘务员是动车组列车上的重要一员，他们不仅代表着铁路公司的形象，更承担着旅客安全和舒适的重任。因此，乘务员上岗前的培训与考核显得尤为重要。下面将详细介绍乘务员上岗前需要接受的培训内容、考核方式以及持证上岗的相关要求。

（一）培训内容

乘务员上岗前的培训内容丰富多样，旨在确保他们具备全面的知识和技能，为旅客提供优质服务，同时保障列车运行的安全与顺畅。

1. 动车组列车基本知识

首先，乘务员需要掌握动车组列车的基本知识。这包括列车的构造、性能、工作原理以及各个部件的功能和作用。通过深入了解列车的基本知识，乘务员可以更好地理解列车的运行状态，及时发现并处理潜在的问题。

2. 服务技能

服务技能是乘务员培训的重要内容之一。乘务员需要学习如何为旅客提供热情周到的服务，包括但不限于迎接旅客、解答疑问、提供旅行建议等。此外，他们还需要掌握与旅客沟通的技巧，以便更好地了解旅客的需求并提供相应的帮助。

3. 安全知识

安全是列车运行的首要任务，因此乘务员必须接受全面的安全知识培训。这包括防火、防灾、应急疏散等方面的知识，以确保在紧急情况下乘务员能够迅速做出正确的判断和行动，保障旅客的生命财产安全。

4. 其他技能

除了以上内容，乘务员还需要接受职业道德、团队协作、心理素质等方面的培训，以提升自身的综合素养和应对各种情况的能力。

知识拓展

客运记录编写方法

编号填在右上角，标明月份和顺号（如1月份第1张记录编号为0101）。
事由栏：注明交接主要事项。
受理单位：站名（或车次）。
内容：
（1）日期、车次。
（2）运行区段、姓名、性别等。
（3）处理经过。
（4）落款（所属站、段、车次、列车长印章、日期）。

（二）考核方式

为了确保乘务员具备上岗所需的知识和技能，铁路公司会制定严格的考核方式和标准。这些考核通常包括理论考试和实操考核两部分。只有通过理论考试和实操考核的乘务员，才能被视为具备上岗资格。这种考核方式旨在确保乘务员不仅具备理论知识，还具备实际操作能力，从而为旅客提供优质的服务和保障列车的安全运行。

1. 理论考试

理论考试主要测试乘务员对动车组列车基本知识、服务技能和安全知识的掌握情况。

考试内容涵盖培训所学的各个方面，要求乘务员能够准确理解和运用相关知识。只有通过理论考试，乘务员才能进入下一阶段的实操考核。

2. 实操考核

实操考核是对乘务员实际操作能力的检验。在考核过程中，乘务员需要展示他们在服务旅客、处理紧急情况等方面的技能。这通常包括模拟服务场景、应急演练等环节，以评估乘务员在实际工作中的表现。

（三）持证上岗

乘务员通过培训与考核后，将获得相应的上岗证书。这是他们具备从事乘务员工作的资格证明，也是他们正式上岗的必要条件。持证上岗不仅是对乘务员自身能力的肯定，也是对旅客安全和舒适的保障。持证上岗的乘务员需要严格遵守铁路公司的规章制度和操作流程，确保列车的安全运行和旅客的舒适度。同时，他们还需要不断学习和提升自己的专业素养，以适应不断变化的旅客需求和行业环境。

总之，乘务员上岗前的培训与考核是确保他们具备从事乘务员工作的关键环节。通过全面的培训和严格的考核，乘务员可以掌握必要的知识和技能，为旅客提供优质的服务并保障列车的安全运行。持证上岗则是对他们能力的认可和保障，也是铁路公司对旅客安全和舒适的承诺。

六、持续学习与职业发展

在当今快速发展的社会，持续学习与职业发展对于每个人来说都至关重要，尤其是对于动车组列车的乘务员。他们不仅需要在日常工作中表现出色，还需要不断地更新知识和技能，以适应行业的变化和发展。本节将深入探讨乘务员的持续学习与职业发展，包括继续教育培训和职业晋升路径。

（一）继续教育培训

随着科技的不断进步和铁路行业的快速发展，乘务员必须定期参加继续教育培训，以确保他们的知识和技能始终与行业标准同步。这种培训不仅有助于提升乘务员的专业素养，还能增强他们应对各种工作挑战的能力。

继续教育培训的内容通常涵盖多个方面。首先，是对新技术和新设备的学习。随着动车组列车的不断升级，新的技术和设备层出不穷。乘务员需要通过培训，熟练掌握这些新技术和设备的使用方法，以提高工作效率和安全性。二是服务理念和技巧的提升。铁路行业作为服务行业的一种，乘务员的服务态度和技巧直接影响着旅客的出行体验。通过培训，乘务员可以学习到更先进的服务理念，掌握更多的服务技巧，从而提升旅客的满意度。安全知识和应急处理能力的更新也是培训的重要内容。铁路行业对安全性的要求极高，乘务员必须时刻保持警惕，确保旅客的安全。通过培训，乘务员可以了解到最新的安全知识和应急处理方法，为旅客提供更加安全的出行环境。

继续教育培训的形式多种多样，包括线上课程、线下讲座、实践操作等。这种多元化的培训方式不仅可以满足不同乘务员的学习需求，还能提高他们的学习兴趣和效果。同时，铁路公司也会根据乘务员的工作表现和职业发展需求，为他们量身定制培训计划，以帮助他们更好地实现个人职业发展目标。

（二）职业发展路径

对于乘务员来说，清晰的职业发展路径和晋升机会是激励他们不断提升自我的重要动力。在铁路行业，乘务员的职业发展路径通常包括以下几个阶段：

1. 初级乘务员

这是乘务员职业生涯的起点。在这一阶段，乘务员主要需要熟悉和掌握基本的工作职责和技能，如提供优质服务、确保旅客安全等。

2. 中级乘务员

随着工作经验的积累和技能的提升，乘务员可晋升为中级乘务员。在这一阶段，他们不仅需要继续提供优质的服务，还需要承担更多的责任，如协助新员工培训、参与列车上的紧急事务处理等。

3. 高级乘务员或乘务长

当乘务员具备丰富的经验和卓越的技能时，他们有机会晋升为高级乘务员或乘务长。在这一职位上，他们需要负责管理乘务团队，确保列车的顺利运行，并处理各种突发情况。

4. 管理岗位

对于表现出色的乘务员，还有可能进一步晋升为管理岗位，如列车管理部门的主管或经理。在这些职位上，他们将负责规划、组织和管理整个乘务团队的工作。

除了职位晋升，乘务员还可以通过参加各种专业技能竞赛、获得行业认证等方式来提升自己的职业地位和待遇。这些机会不仅有助于乘务员实现个人职业发展目标，还能为铁路公司培养更多的优秀人才。

为了支持乘务员的持续发展，铁路公司还会提供各种资源和支持，如职业规划指导、技能提升课程等。这些举措旨在帮助乘务员明确自己的职业目标，制定实现这些目标的策略和行动计划。

总之，持续学习与职业发展是乘务员职业生涯中不可或缺的部分。通过参加继续教育培训和抓住职业发展机会，乘务员可以不断提升自己的专业素养和综合能力，为旅客提供更加优质的服务，同时也为自己的职业发展打下坚实的基础。

知识拓展

动车组乘务员岗位职责

（1）在列车长领导下，按照分工，负责本车厢的清扫工作，做到垃圾收取及时，地面随脏随扫，厕所及时冲刷、无异味。
（2）负责车厢内保洁备品的配置、定位、补充及更换。
（3）协助其他乘务员做好旅客服务工作。
（4）落实首问首诉负责制，受理旅客的求助、问询、意见或投诉，及时向列车长反馈信息。
（5）在列车长的领导下，实施车内各类紧急情况的处置。
（6）完成列车长交办的其他工作。

动车组乘务工作基础管理

（1）管理制度健全，有考核，有记载。定期分析安全和服务质量状况，有针对性具体整改措施。
（2）按规定配置业务资料，内容修改及时、正确。除携带铁路电报、客运记录外，车上不携带其他纸质资料台账。
（3）各工种在列车长的领导下，按岗位责任各负其责，相互协作，落实作业标准，有监督，有检查，有考核。
（4）业务办理符合规定，票据、台账、报表填写规范、内容准确、完整清晰。配备保险柜，营运进款结算准确，票据、现金及时入柜加锁，到站按规定解款。
（5）客运乘务人员配备统一乘务箱（包），集中定位摆放；洗漱用具、茶杯等定位摆放。
（6）库内保洁作业纳入动车所一体化作业管理，动车所满足一体化吸污、保洁等整备作业条件。
（7）备品柜、储藏柜按车辆设计功能使用，备品定位摆放。单独配置的备品柜与车身固定，并与车内环境相协调。
（8）定期开展职业技能培训，培训内容适应岗位要求，评判准确。

【任务实施】

本任务的实施要求如表 2-2-1 所示。通过本任务，学生可以深入了解动车组乘务员的岗位要求，提升他们的专业素养和实践能力。同时，角色扮演和问答环节也有助于培养学生的应变能力和团队协作能力。

表 2-2-1　任务实施要求

项目	实施要求
任务分组	☆ 将参与任务的学生分成若干小组，每组 4～5 人，分组时应尽量保证组内成员具有不同的专业知识和背景，以促进多角度、全面的讨论； ☆ 每组选出一名组长，负责协调组内成员的工作，并与教师进行沟通； ☆ 统一专业实训服（如条件不允许，可着正装）
实施场所	☆ 模拟车厢、模拟站台、模拟会议室等
场景要求	☆ 教室或实训室应配备相关的动车组乘务员培训教材、模拟设备以及必要的教学辅助工具； ☆ 教师应准备关于动车组乘务员上岗要求的详细资料，包括岗位职责、服务标准、安全规定等； ☆ 学生需模拟动车组乘务员的实际工作环境，进行角色扮演和情景模拟
任务考核	☆ 测试学生对动车组乘务员上岗要求的理论知识掌握情况，包括岗位职责、服务流程、安全规范等； ☆ 评估学生的仪容仪表、服务态度、沟通技巧等方面，看其是否符合动车组乘务员的职业素养要求

【评价考核】

本任务的评价考核标准如表 2-2-2 所示。

表 2-2-2　任务评价考核标准

序号	评分项目	扣分点	备注
1	仪容仪表（10%）	未按规定着装； 标志佩戴不正确	出现以下问题判不合格： （1）小组中有两人以上缺席演练； （2）严重扰乱课堂秩序； （3）有其他触及岗位红线的行为
2	文明用语（10%）	使用不文明、不礼貌或冒犯性的语言； 沟通时语气不当，如过于生硬、冷漠或粗鲁	
3	演练纪律（20%）	演练过程中不遵守规定流程或步骤； 迟到、早退或无故缺席演练； 在演练中嬉戏打闹、不认真对待	
4	自我评价（10%）	自我评价过于夸大或不切实际； 未能准确识别自身在演练中的优点与不足； 缺乏自我反思和改进的意愿	
5	作业规范（50%）	作业内容不完整、不准确或存在错误； 未按照规定的格式或标准完成作业； 作业提交不及时或存在抄袭现象	
	合计		

【归纳总结】

完成本任务学习之后,请认真进行归纳总结,填写表2-2-3。

表2-2-3 任务总结

任务名称:		日期:	
专业:		班级:	姓名:
索引区域 (对本任务所学内容进行要点提炼)		笔记区域 (记录本任务中的重点、难点和中心思想,对未掌握部分进行梳理)	
总结区域 (对本任务所学内容进行归纳总结)			

【知识练兵场】

一、选择题

1. 动车组乘务员面对旅客问询时，面向旅客站立（工作人员办理业务时除外），目视旅客，有问必答，回答（　　），解释耐心。

　　A. 巧妙

　　B. 快速

　　C. 准确

　　D. 确切

2. 使用列车乘务服务用语时应该语调（　　）、语速适中、表达流畅、准确鲜明、实事求是。

　　A. 高亢

　　B. 温婉

　　C. 柔和

　　D. 轻细

二、判断题

1. 穿着夏装时，女性乘务员连裤袜的颜色应统一为肉色或浅灰色，不得出现破洞和抽丝等现象；统一佩戴领花或丝巾；制服上装每天都需水洗；不得将笔插放在衣兜内。（　　）

2. 为了表示敬意与热情，乘务员要先对旅客进行问候。（　　）

三、填空题

1. 定期进行_____、_____、_____，蚊子、蝇、蟑螂等病媒昆虫指数及鼠密度符合国家规定。

2. 乘务员作为列车上的安全第一线，必须熟练掌握_____。

模块三

动车组列车客运作业制度与规范

　　动车组列车的客运作业制度与规范是确保旅客安全、舒适出行的关键。这些制度和规范涵盖了列车运行的各个方面,从乘务员的职责、旅客服务流程,到紧急情况的应对,都有明确的规定。首先,乘务员需严格遵守作业规范,确保列车的安全运行。列车长要全面负责,监督列车的各项运行指标,以及旅客服务的质量。乘务员则需为旅客提供全面、周到的服务,包括查验车票、安置行李,以及解答旅客的各种疑问。此外,动车组列车还有一套完善的紧急情况应对流程。在面临突发状况时,乘务组需迅速启动应急预案,与车站、调度等相关部门紧密配合,确保旅客的人身安全。这些客运作业制度与规范不仅保障了列车的安全运行,也提升了旅客的出行体验。它们体现了铁路部门对旅客安全与服务品质的重视,是动车组列车平稳、高效运行的重要支撑。遵守这些制度与规范,是每一位乘务员的职责,也是铁路服务品质的保障。

任务一　客运作业规范

【任务情景】

作为一名新晋列车管理人员，你即将负责组建一支新的动车组列车乘务组。为了确保客运作业的高效与规范，你正在深入研究客运作业规范。你需要明确乘务组在客运服务中的各项流程和标准，包括乘客登车前的验票流程、行李存放规定、车厢内的乘客服务标准，以及应对乘客特殊需求的流程。你的目标是制定一套既符合行业规定又能确保乘客满意度的客运作业规范。这需要你综合考虑列车的运行效率、乘客的舒适度以及乘务组的工作负担，从而制定出既实用又高效的作业规范。通过这一规范的实施，你期望能够提升乘客的出行体验，同时确保乘务组的工作有条不紊。

【任务目标】

学习目标：

☆ 深入理解客运作业的基本流程和规范要求。
☆ 掌握客运作业中各项规定的目的和意义。

技能目标：

☆ 能够按照客运作业规范，准确无误地完成乘客接待、车票查验、行李托运、安全检查等各项工作。
☆ 具备在复杂情况下灵活应用客运作业规范，确保服务质量和效率的能力。

素养目标：

☆ 培养严谨细致的工作态度和遵守规范的职业习惯。
☆ 提升客运服务人员的职业素养和综合能力，以更好地满足乘客需求，提升乘客满意度。

高铁之窗

客运员小李的坚守：规范作业，温暖旅客心

在繁忙的北京西站，客运员小李（化名李明）每天都在为成千上万的旅客提供着周到的服务。他深知客运作业规范的重要性，始终严格按照规范操作，确保旅客的安全与顺畅出行。

某个周末的早晨，由于天气原因，多趟列车晚点，候车大厅里聚集了大量的旅客。面对这种情况，小李没有慌乱，而是按照客运作业规范，有序地组织旅客候车、检票、乘车。他耐心地向旅客解释晚点原因，并通过广播不断重复播报列车时刻和注意事项。

在检票口，小李发现一位老年旅客因为行李过多而显得手忙脚乱。他主动上前帮忙，不仅协助老人搬运行李，还详细告知了乘车注意事项和车厢位置。老人感激地说："谢谢你，小伙子！有你们在，我们出行就放心了。"

——人民网·科技频道

案例分析：

敬业精神：小李始终坚守岗位，严格按照客运作业规范操作，展现了高度的敬业精神。他明白，只有遵循规范，才能确保旅客的安全与顺畅出行。这种敬业精神是社会主义核心价值观中"敬业"的生动体现。

责任意识：面对列车晚点和旅客聚集的情况，小李没有逃避责任，而是主动承担起组织旅客、解释原因、提供帮助等任务。他的责任意识让旅客感受到了温暖和关怀，也彰显了社会主义核心价值观中的"友善"和"和谐"。

服务群众：小李始终以旅客为中心，提供周到的服务。他不仅关注旅客的需求和感受，还能够在关键时刻挺身而出，为旅客解决困难。这种服务群众的精神是社会主义核心价值观的重要体现，也是客运作业规范的内在要求。

通过小李的故事，我们看到了客运作业规范中的敬业与责任。这些品质不仅关乎旅客的安全与顺畅出行，更是对社会主义核心价值观的践行和传承。我们应该向小李学习，将这种敬业精神和责任意识内化于心、外化于行，共同为社会的和谐稳定贡献力量。

【知识链接】

一、客运作业基本概念

客运作业是指在旅客运输过程中，为确保旅客安全、舒适、准时地到达目的地而进行的一系列服务与管理活动。这些活动涵盖了从旅客进站、乘车到旅客下车、出站的全过程，涉及车站工作人员、乘务员、旅客以及相关的设施和设备。

（一）客运作业的定义

客运作业主要包括以下几个关键环节：

（1）旅客接待与服务：包括迎接旅客、提供咨询、售票、检票、引导乘车等服务。

（2）行车过程中的旅客服务：如提供餐饮、卫生、安全提示等服务，确保旅客在旅途中舒适安全。

（3）到站服务：包括提醒旅客到站、引导旅客下车、出站等。

客运作业的核心目标是提供高效、安全、舒适的服务，以满足旅客的出行需求。

（二）客运作业涉及的关键要素

（1）人员：包括车站工作人员、乘务员等，他们是客运作业的主体，负责执行各项服务和管理任务。

（2）设施与设备：如车站、列车、座椅、卫生间、餐饮设备等，这些设施和设备是客运作业的物质基础，直接影响旅客的出行体验。

（3）旅客：旅客是客运作业的服务对象，他们的需求和满意度是评价客运作业质量的重要依据。

（4）管理制度：包括安全管理制度、服务标准、应急预案等，这些制度是客运作业有序进行的保障。

（5）信息技术：如票务系统、监控系统、信息系统等，这些技术的应用提高了客运作业的效率和安全性。

（三）客运作业的特点

（1）服务性：客运作业本质上是一种服务，旨在为旅客提供安全、舒适的旅行环境。因此，客运作业人员需要具备良好的服务意识，能够主动、热情地为旅客提供帮助。

（2）安全性：安全是客运作业的首要任务。无论是在车站上还是在列车上，都需要严格遵守安全规定，确保旅客的人身安全。

（3）准时性：客运作业需要严格遵守时间表，确保列车准时发车、准时到达。这要求车站和列车工作人员具备高度的责任心和时间观念。

（4）舒适性：为了提高旅客的出行体验，客运作业需要关注旅客的舒适度。这包括提供宽敞的座位、干净的卫生间、美味的餐饮等服务。

（5）协调性：客运作业涉及多个部门和工种的协作。为了确保客运作业的顺利进行，各部门之间需要保持密切的沟通与协调。

（四）客运作业的要求

（1）严格遵守规章制度：客运作业人员需要熟悉并严格遵守相关的规章制度，确保客运作业的安全和有序进行。

（2）提高服务质量：客运作业人员需要不断提升服务质量，关注旅客的需求和反馈，努力提供优质的服务。

（3）加强团队协作：客运作业需要多个部门和工种的协作。因此，加强团队协作和沟通至关重要，以确保客运作业的高效进行。

（4）注重培训与教育：为了提高客运作业人员的素质和能力，需要定期进行培训和教育活动，使他们掌握最新的服务技能和安全知识。

（5）持续创新：随着科技的发展和旅客需求的变化，客运作业需要不断创新和改进，通过引入新技术、优化服务流程等方式，提升客运作业的效率和质量。

总体来说，客运作业是旅客运输过程中至关重要的一环。通过明确客运作业的定义、关键要素、特点和要求，我们可以更好地理解客运作业的内涵和外延，为提升客运服务质量提供有力支持。在未来的发展中，我们应继续关注旅客需求的变化，不断创新和改进客运作业模式和方法，为旅客提供更加优质、高效、安全的服务。

二、乘客接待与服务规范

乘客接待与服务是客运作业中的重要环节，直接关系到乘客的出行体验和满意度。以下将从乘客上车前的准备工作、迎接乘客的标准流程与礼仪、乘客咨询与问题解答的技巧，以及特殊乘客的服务策略四个方面进行详细阐述。

微课：客运作业规范

（一）乘客上车前的准备工作

乘客上车前的准备工作至关重要，它涉及车站的整洁、安全以及服务人员的专业素养等多个方面。

（1）车站环境准备：车站应保持整洁，候车室、站台等公共区域应无垃圾、无积水，确保乘客有一个舒适的候车环境。同时，车站应设置明显的指示牌和导向标识，方便乘客找到候车室、卫生间等设施。

（2）安全检查准备：车站应配备专业的安全检查设备，对进站乘客进行安全检查，确保站内和列车的安全。安全检查人员应接受专业培训，熟练掌握安全检查流程和规范。

（3）服务人员准备：服务人员应着装整洁、仪表端庄，熟悉车站和列车的各项服务流程。在上岗前，服务人员应接受专业培训，提升服务意识和专业素养。

（二）迎接乘客的标准流程与礼仪

迎接乘客是客运服务的第一步，给乘客留下良好的第一印象至关重要。

（1）标准流程：当乘客进站时，服务人员应主动迎接，微笑致意，并引导乘客前往候车室或站台。在迎接过程中，服务人员应关注乘客的需求，主动提供帮助。

（2）礼仪规范：服务人员应使用文明用语，如"您好""请问有什么需要帮助的吗"等。在迎接乘客时，应保持微笑，态度热情、亲切。同时，服务人员应注意自己的站姿、坐姿等仪态，展现专业素养。

（三）乘客咨询与问题解答的技巧

在客运服务过程中，乘客可能会提出各种问题或咨询，服务人员应熟练掌握解答技巧。

（1）倾听与理解：服务人员应认真倾听乘客的问题，确保完全理解乘客的意图和需求。在解答问题前，可以与乘客进行确认，避免误解。

（2）准确解答：服务人员应熟悉车站和列车的各项规定和服务流程，以便准确解答乘客的问题。对于不确定的问题，可以请教同事或上级，避免给乘客提供错误的信息。

（3）礼貌用语：在解答问题时，服务人员应使用礼貌用语，如"请""谢谢"等。同时，应保持微笑和亲切的态度，让乘客感受到温暖和关怀。

（四）特殊乘客的服务策略

对于特殊乘客，如老人、儿童、残疾人等，服务人员应给予更多的关注和照顾。

（1）老人乘客：对于老人乘客，服务人员应主动询问其需求，并提供必要的帮助，如搀扶老人上下车、协助搬运行李等。同时，应关注老人的身体状况，确保其安全乘车。

（2）儿童乘客：对于儿童乘客，服务人员应给予更多的关爱和照顾，可以主动与儿童互动，缓解其紧张情绪。同时，应提醒家长注意儿童的安全，避免发生意外。

（3）残疾人乘客：对于残疾人乘客，服务人员应提供无障碍服务，如设置无障碍通道、提供轮椅服务等。在乘车过程中，应关注残疾人的需求，确保其舒适和安全。

总体来说，乘客接待与服务规范是客运作业中的重要环节。通过做好上车前的准备工作、遵循迎接乘客的标准流程、掌握乘客咨询与问题解答的技巧以及特殊乘客的服务策略，我们可以提升客运服务质量，为乘客提供更加优质、高效、安全的服务体验。在未来的发展中，我们应继续关注乘客需求的变化，不断优化服务流程和提升服务水平，为乘客创造更加美好的出行环境。

三、车票检查与验证

车票检查与验证是客运作业中不可或缺的一环,它对于确保乘客的合法权益、维护车站和列车的运营秩序以及防止票务欺诈行为具有重要意义。以下将详细阐述车票检查的流程与方法、验证车票的合法性与真实性,以及处理无效或伪造车票的应急措施。

(一)车票检查的流程与方法

车票检查的流程通常包括以下几个步骤:

(1)准备阶段:车站工作人员在乘客进站前,应熟悉各种车票的类型、特征和防伪标记,以便准确识别车票的真伪。同时,准备好必要的检查工具,如紫外线灯、放大镜等。

(2)初步检查:在乘客进站时,工作人员首先对车票进行初步检查。这一步骤主要是观察车票的外观、印刷质量和防伪标记,以判断车票是否存在明显的伪造迹象。

(3)详细验证:对于初步检查中未发现问题的车票,工作人员需要进一步进行详细验证。这包括使用紫外线灯等工具检查车票的防伪特征,以及通过车站的票务系统查询车票的有效性。

(4)记录与处理:对于检查过程中发现的问题车票,工作人员需要做好记录,并根据车站的相关规定进行处理。

车票检查的方法主要包括目视检查、仪器检测和系统查询等。目视检查主要观察车票的印刷质量、色彩、字体等外观特征;仪器检测则利用紫外线灯等工具来识别车票上的防伪标记;系统查询则是通过车站的票务系统来核实车票的有效性。

(二)验证车票的合法性与真实性

验证车票的合法性与真实性是车票检查的核心任务。合法性验证主要是确认车票是否由正规渠道发售,是否在有效期内,以及是否符合车站和列车的乘车规定。真实性验证则是通过检查车票的防伪特征来判断其是否为伪造品。

在验证过程中,工作人员需要特别注意以下几点:

(1)核对车票信息:仔细核对车票上的车次、日期、座位号等信息,确保与乘客的出行需求相符。

(2)检查防伪标记:利用紫外线灯等工具检查车票上的防伪标记,如水印、安全线、荧光图案等,以判断车票的真伪。

(3)查询票务系统:通过车站的票务系统查询车票的状态,确认其是否有效及是否被使用过。

（三）处理无效或伪造车票的应急措施

在铁路客运服务过程中，若遇无效或伪造车票情况，工作人员需依循严谨规范的应急措施妥善处理，以维护正常运输秩序与各方合法权益。

1. 无效车票的处理

当工作人员判定乘客所持车票为无效车票时，如车票已过票面乘车有效期、已被使用过或存在不符合相关乘车规定（如车票类型与实际乘车区间不符、未按规定办理相关手续等）的情形，应秉持礼貌且专业的态度向乘客清晰说明具体情况。同时，明确要求乘客根据实际情况进行补票操作，以确保其能够继续行程；若乘客的行程无法通过补票解决，如车次已无剩余票额等，则需引导乘客换乘其他合适车次。倘若乘客拒绝配合上述处理措施，工作人员应严格按照车站既定的相关规章制度执行后续操作，确保处理过程公正、合规，既保障运输企业的正当权益，又兼顾乘客的合理诉求。

2. 伪造车票的处理

一旦工作人员凭借专业知识与经验识别出乘客使用伪造车票，务必迅速采取行动。首先，应果断扣留该伪造车票，避免其继续流通造成不良影响。随后，立即向车站安保部门详细报告事件情况，包括发现时间、地点、涉及乘客的基本特征及车票伪造的初步判断依据等关键信息。与此同时，要求涉事乘客购买合法有效的车票，以纠正其违规行为；若情节严重，乘客还需接受相应的处罚，处罚措施应严格依据法律法规及车站相关规定执行。在整个处理流程中，工作人员务必始终保持冷静沉稳的态度，凭借专业素养妥善应对，同时严格遵循车站制定的安全规定，确保自身及周边人员的人身安全，防止事态扩大化。

3. 记录与存档

对于所发现的每一起无效或伪造车票事件，工作人员均需进行全面且详细的记录工作。记录内容涵盖乘客的个人身份信息（如姓名、身份证号码或其他有效证件信息等）、车票的具体信息（包括车票类型、车次、座位号、票面金额、车票来源等）以及对该事件所采取的处理结果（如补票金额、换乘车次、处罚决定等）。此类记录对于后续可能展开的深入调查以及责任追究工作具有不可忽视的重要意义，它将为相关部门提供准确翔实的一手资料，有助于查明事件真相、明确责任归属，从而为进一步完善车票管理机制与客运服务规范提供有力依据。

4. 沟通与协作

在处理无效或伪造车票事件时，良好的沟通与紧密的协作至关重要。工作人员之间应建立高效畅通的信息沟通渠道，确保事件信息能够及时、准确地在各个环节传递，以便各岗位人员能够迅速响应，协同开展工作，实现处理过程的及时性与有效性。例如，售票岗位工作人员发现可疑车票信息时应及时通知检票岗位及车站管理部门；检票工人员在处理事件过程中需与安保部门保持密切联系，获取必要的支持与协助等。同时，工作人员在与乘客沟通时，应耐心细致地解释相关规定及处理依据，以诚恳的态度倾听乘客的意见与疑问，尽力消除误解，避免引发不必要的冲突。通过积极有效的沟通与协作，既能维护车站的正常运营秩序，又能体现铁路客运服务的人性化与专业化。

四、行李携带与存放规范

在客运作业中，行李携带与存放是一个重要的环节。合理的行李管理不仅关系到乘客的出行体验，更关乎整个交通系统的安全和效率。以下将详细阐述行李携带的规定与限制、行李的安全检查流程，以及行李存放的指导与建议。

（一）行李携带的规定与限制

为了确保乘客的安全和舒适，以及交通工具的正常运行，各客运系统都会对乘客携带的行李进行一定的规定和限制。这些规定通常包括行李的尺寸、重量、数量以及禁止携带的物品等。

（1）尺寸和重量限制：为了避免行李过大或过重对交通工具造成负担，或对其他乘客造成不便，客运系统通常会规定行李的最大尺寸和重量。乘客在携带行李时，应确保行李符合这些规定。

（2）数量限制：为了保障乘客的舒适和安全，客运系统也会限制每位乘客携带的行李数量。一般来说，每位乘客可以携带一定数量的手提行李和托运行李，但具体数量会根据不同的客运系统和车次而有所差异。

（3）禁止携带的物品：为了保障交通工具的安全，客运系统会明确列出禁止携带的物品清单，如易燃易爆物品、腐蚀性物品、管制刀具等。乘客在携带行李前，应仔细检查行李中是否含有这些违禁品。

（二）行李的安全检查流程

为了确保交通工具的安全，所有携带的行李都必须经过严格的安全检查。这一流程通常包括以下几个步骤：

（1）初步检查：在乘客进站或登车之前，工作人员会对行李进行初步检查，观察行李的外观和结构是否存在异常。如果发现可疑物品，会进行进一步的检查。

（2）X光机检查：所有行李都需要通过X光机进行检查。工作人员会仔细观察X光图像，检查行李内是否含有违禁品或危险品。如果图像显示异常，工作人员会要求乘客打开行李进行进一步检查。

（3）手动检查：在某些情况下，如X光机无法清晰显示行李内容或工作人员对行李存在疑虑时，会进行手动检查。工作人员会要求乘客打开行李，并对其中的物品进行逐一检查。

（4）处理违禁品：如果在安全检查中发现违禁品，工作人员会按照相关规定进行处理。一般来说，违禁品会被扣留并移交给相关部门处理。

知识拓展

乘车禁止和限制携带的物品

1. 请勿携带以下枪支、子弹类（含主要零部件）

手枪、步枪、冲锋枪、机枪、防暴枪等军用枪以及各类配用子弹（含空包弹、战斗弹、检验弹、教练弹）；气枪、猎枪、运动枪、麻醉注射枪等民用枪以及各类配用子弹；道具枪、仿真枪、发令枪、钢珠枪、消防灭火枪等其他枪支；上述物品的样品、仿制品。

军人、武警、公安人员、民兵、射击运动员等人员携带枪支子弹的，按照国家法律法规有关规定办理，并严格执行枪弹分离等有关枪支管理规定。

2. 请勿携带以下爆炸物品类

炸弹、照明弹、燃烧弹、烟幕弹、信号弹、催泪弹、毒气弹、手雷、手榴弹等弹药；炸药、雷管、导火索、导爆索、爆破剂、发爆器等爆破器材；礼花弹、烟花、鞭炮、摔炮、拉炮、砸炮、发令纸等各类烟花爆竹以及黑火药、烟火药、引火线等烟火制品；上述物品的仿制品。

3. 请勿携带以下器具

匕首、三棱刀（包括机械加工用的三棱刮刀）、带有自锁装置的弹簧刀以及其他类似的单刃、双刃刀等管制刀具；管制刀具以外的，可能危及旅客人身安全的菜刀、餐刀、屠宰刀、斧子等利器、钝器；警棍、催泪器、催泪枪、电击器、电击枪、射钉枪、防卫器、弓、弩等其他器具。

4. 请勿携带以下易燃易爆物品

氢气、甲烷、乙烷、丁烷、天然气、乙烯、丙烯、乙炔（溶于介质的）、一氧化碳、液化石油气、氟利昂、氧气（供病人吸氧的袋装医用氧气除外）、水煤气等压缩气体和液化气体；汽油、煤油、柴油、苯、乙醇（酒精）、丙酮、乙醚、油漆、稀料、松香油及含易燃溶剂的制品等易燃液体；红磷、闪光粉、固体酒精、赛璐珞、发泡剂 H 等易燃固体；黄磷、白磷、硝化纤维（含胶片）、油纸及其制品等自燃物品；金属钾、钠、锂、碳化钙（电石）、镁铝粉等遇湿易燃物品；高锰酸钾、氯酸钾、过氧化钠、过氧化钾、过氧化铅、过醋酸、双氧水等氧化剂和有机过氧化物。

5. 请勿携带以下剧毒性、腐蚀性、放射性、传染性、危险性物品

氰化物、砒霜、硒粉、苯酚等剧毒化学品以及毒鼠强等剧毒农药（含灭鼠药、杀虫药）；硫酸、盐酸、硝酸、氢氧化钠、氢氧化钾、蓄电池（含氢氧化钾固体、注有酸液或碱液的）、汞（水银）等腐蚀性物品；放射性同位素等放射性物品；乙肝病毒、炭疽杆菌、结核杆菌、艾滋病病毒等传染病病原体；《铁路危险货物品名表》所列除上述物品以外的其他危险物品以及不能判明性质可能具有危险性的物品。

6. 请勿携带以下危害列车运行安全或公共卫生的物品

可能干扰列车信号的强磁化物，有强烈刺激性气味的物品，有恶臭等异味的物品，活动物（导盲犬除外），可能妨碍公共卫生的物品，能够损坏或者污染车站、列车服务设施、设备、备品的物品。

7. 限量携带以下物品

不超过20 mL的指甲油、去光剂、染发剂；不超过120 mL的冷烫精、摩丝、发胶、杀虫剂、空气清新剂等自喷压力容器；安全火柴2小盒；普通打火机2个。

（三）行李存放的指导与建议

在动车组乘务实务中，行李存放的妥善安排对保障旅客顺利出行至关重要。合理存放行李既能确保其安全无虞，又能提升旅客在列车上的活动便利性与整体出行效率。以下是一些行李存放的指导与建议：

1. 手提行李存放要点

手提行李方便旅客随时取用物品，存放时应置于视线范围内，便于照看。可选座位上方行李架、下方空间或前排座椅背后置物袋。放置于行李架时，确保行李平稳不凸出边缘，以防掉落伤人；放于座位下方，不能阻碍通道且避免滑动。列车运行中，尤其是停靠站、晃动明显时，要留意行李状态，防止位移或物品掉落。

2. 托运行李存放规范

需托运的行李应交给车站工作人员处理。托运前，检查行李是否贴有准确目的地标签及完整乘客信息，以便准确送达。为避免运输受损，要根据行李性质包装。柔软物品用坚韧袋子封装；易碎品，如电子产品、玻璃陶瓷制品，先用泡沫气泡膜包裹，再放于坚固包装箱内并填满空隙；液体类确保容器密封后装防水袋。

3. 贵重物品携带与存放原则

现金、证件、珠宝等贵重物品务必随身携带妥善保管。建议放在贴身衣物内侧有隐蔽性口袋，如上衣胸袋或裤子前侧暗袋，取用方便且不易被他人触及。旅途中保持警觉，定期确认物品安全，避免在公共场所暴露，防止引贼觊觎。

4. 特殊行李存放处理

特殊行李，如易碎品、乐器等，上车前主动与工作人员沟通需求。工作人员会依行李特点及列车实际情况，提供合理存放建议。易碎品放于专门区域，可能有缓冲防护；小型乐器依规置于座位旁，大型乐器则依具体情况特殊托运或安置，确保无损且不影响他人。旅客积极配合，保障特殊行李妥善存放运输。

五、车厢巡视与管理

车厢巡视与管理是确保列车安全运行和乘客舒适度的重要环节。通过合理的巡视频次、科学的路径规划、细致的安全与舒适监控，以及应对突发状况的有效措施，可以为乘客提供一个安全、舒适的乘车环境。

（一）巡视的频次与路径规划

车厢巡视的首要任务是确保列车的安全运行和及时发现潜在的安全隐患。为了达到这一目的，必须合理规划巡视的频次和路径。

巡视的频次应根据列车的运行时间、乘客流量以及车厢的布局进行合理安排。在高峰时段，应增加巡视频次，以应对可能出现的各种情况。而在非高峰时段，可以适当减少巡视频次，但仍需保持必要的监控。

巡视路径的规划应确保每个车厢都能得到全面的检查。一种有效的路径规划方法是从列车的一端开始，逐个车厢进行巡视，最后到达列车的另一端。在巡视过程中，应注意检查车厢内的各种设施是否完好，如座椅、扶手、照明、空调等。

（二）乘客安全与舒适的监控

在车厢巡视过程中，对乘客的安全与舒适进行实时监控是至关重要的。

巡视人员应密切关注乘客的行为，及时发现并制止任何可能威胁列车安全的行为，如吸烟、乱丢垃圾、擅自打开或关闭车门等。同时，巡视人员还需检查车厢内是否有可疑物品，以及是否存在火灾等安全隐患。

为了确保乘客的舒适度，巡视人员应定期检查车厢内的温度、湿度和通风情况。如果发现车厢内过于拥挤或嘈杂，巡视人员应及时采取措施，如调整空调温度、打开车窗等，以改善乘客的乘车环境。

（三）应对突发状况的流程与措施

动车组列车运行中的突发状况，如乘客突发疾病、列车火灾、列车故障等可能出现，巡视人员需熟知应对流程和措施。

1. 乘客突发疾病

巡视人员发现乘客突发疾病后应立即向列车长报告患者位置和病情，同时对患者采取基本急救措施，如昏迷时保持呼吸道通畅、出血时压迫止血等。还需通过广播寻求医疗专业人员帮助，配合后续救治。

2. 列车火灾

列车一旦发生火灾，巡视人员要马上启动紧急疏散程序，引导乘客用湿毛巾捂口鼻、低姿沿疏散路线有序撤离，逐车厢检查确保无人遗漏在火源区。同时，协助列车长灭火，若火势大则优先保障乘客安全撤离，并向相关部门报告。

3. 列车故障停车

列车故障停车时，巡视人员要冷静，通过广播向乘客通报情况并安抚情绪。协助列车长联系车站，了解故障原因和修复时间后及时告知乘客，维持车厢秩序。

六、乘客下车服务规范

乘客下车服务是客运服务中的重要一环，它直接关系到乘客的出行体验和安全性。为了确保乘客能够顺利、安全、有序地下车，以下将详细阐述提醒乘客下车时间与站点、协助乘客整理行李与物品，以及确保乘客安全有序下车的服务规范。

（一）提醒乘客下车时间与站点

及时、准确地提醒乘客下车时间和站点是确保乘客顺利下车的关键。为了实现这一目标，工作人员需要做好以下几点：

（1）准确掌握站点信息：工作人员应熟悉列车或公交车的运行路线和停靠站点，确保在即将到达站点时，能够准确地向乘客提供下车提醒。

（2）提前提醒：为了确保乘客有足够的时间准备下车，工作人员应在列车或公交车到达站点前，提前几分钟进行下车提醒。这样可以让乘客有足够的时间整理行李、穿好衣物，并做好下车准备。

（3）清晰播报：在提醒乘客下车时，工作人员应使用清晰、准确的语言进行播报，确保每位乘客都能够听清楚并理解下车时间和站点信息。同时，播报内容应包括站点名称、下车注意事项等，以便乘客做好相应的准备。

（二）协助乘客整理行李与物品

在乘客下车前，协助他们整理行李和物品是提升服务质量和乘客满意度的重要举措。以下是一些建议：

（1）主动询问：工作人员可以主动询问乘客是否需要帮助整理行李或物品。特别是对于那些携带大件行李的老年乘客或行动不便的乘客，更应给予关注和帮助。

（2）提供帮助：如果乘客需要帮助，工作人员应主动提供协助，如帮忙搬运行李、检查物品是否遗落等。在协助过程中，工作人员应注意保护乘客的隐私和安全，避免造成不必要的麻烦。

（3）礼貌待人：在协助乘客整理行李时，工作人员应保持礼貌和热情，尊重乘客的意愿和需求。同时，工作人员还可以向乘客提供一些下车后的安全提示和建议，以增强乘客的安全感和信任度。

（三）确保乘客安全有序地下车

在动车组客运服务中，保障乘客安全有序下车是核心环节，关乎出行体验与安全。工作人员需从以下方面履行职责：

1. 维持下车秩序

列车停靠后，工作人员应立即维护下车秩序。在车厢内引导乘客于车门处有序排队，态度要礼貌耐心，如"请大家在车门两侧依次排队下车，感谢配合"。同时，密切留意下车区域安全状况，因列车与车厢间可能有间隙、高度差，或站台因天气、清洁等因素湿滑，工作人员要通过广播和现场提醒，如"请注意站台与车厢间的间隙，小心滑倒"，对携带较多行李或行动不便者要主动协助，确保下车顺畅。

2. 照顾特殊乘客

老年乘客、儿童、孕妇等行动不便者需特别关注。老年乘客身体机能差、行动迟缓且平衡力弱；儿童自我保护能力不足；孕妇行动受限。工作人员巡视时要及时识别，主动提供帮助。对老年乘客，轻扶其手臂，缓慢陪其走向车门，耐心交流"爷爷/奶奶，您慢些走"。对儿童，留意其是否有家人陪伴，若单独行动要协助找家人，并叮嘱其紧跟家长、注意安全。对孕妇，询问身体状况，下车时搀扶，并提醒周围乘客礼让。

3. 检查遗留物品

乘客下车后，工作人员要迅速全面检查车厢，包括座位、行李架、车厢连接处和垃圾桶等，因乘客匆忙下车可能遗忘物品。发现遗留物品后，立即详细登记其外观、位置、数量等信息，然后尽快联系车站失物招领处或相关部门并移交物品、传达信息，以便车站通过广播、信息系统等尽快归还给失主。

4. 协助乘客搬运行李

工作人员应主动观察乘客行李情况，对于携带大件、沉重行李的乘客，积极提供帮助。特别是当行李较多导致乘客行动困难，或者行李体积过大难以通过车门或通道时，工作人员要及时伸出援手。可以协助乘客抬起、搬运行李，确保行李和乘客都能顺利下车，同时避免因行李搬运不当对其他乘客造成碰撞或阻碍。

5. 与站台工作人员协同工作

在乘客下车过程中，车厢内工作人员要和站台工作人员密切配合。站台工作人员提前做好准备，在站台相应位置引导乘客出站方向，确保下车乘客能快速疏散，避免在站台车门附近造成拥堵。车厢内工作人员可通过手势、语言等方式与站台工作人员沟通，如告知站台人员特殊乘客情况或需要特殊协助的情况，保障整个下车环节衔接紧密、高效有序。

七、客运作业中的安全与卫生

在客运作业中，安全与卫生是两项至关重要的工作内容。它们不仅关系到乘客的出行安全和健康，也直接影响到客运企业的声誉和运营效率。以下将详细探讨安全设施的检查与使用、应急处置预案的掌握与实施，以及车厢清洁与卫生标准的维护。

（一）安全设施的检查与使用

安全设施是客运作业中不可或缺的一部分，它们的正常运行直接关系到乘客和工作人员的安全。因此，定期检查和正确使用这些设施至关重要。

（1）安全设施的日常检查：为了确保安全设施始终处于良好状态，必须进行定期的日常检查。这包括检查安全带、灭火器、应急照明、安全锤等是否完好无损，是否在有效期内。同时，还要检查车门的开关是否灵活，紧急出口是否畅通无阻。

（2）安全设施的使用培训：工作人员必须接受相关的安全培训，了解各种安全设施的使用方法和注意事项。例如，他们需要知道如何在紧急情况下迅速启动应急照明，如何使用灭火器扑灭初起火灾，以及如何在必要时使用安全锤破窗逃生等。

（二）应急处置预案的掌握与实施

客运作业中可能会遇到各种突发情况，如火灾、交通事故、乘客突发疾病等。因此，掌握和实施应急处置预案至关重要。

（1）应急处置预案的制定：针对不同的紧急情况，客运企业应制定相应的应急处置预案。这些预案应包括应急组织、通信联络、现场处置、医疗救护、安全防护等方面的内容。

（2）应急处置预案的培训和演练：为了确保工作人员在紧急情况下能够迅速、准确地采取措施，必须定期进行应急处置预案的培训和演练。通过模拟真实的紧急情况，让工作人员熟悉应急流程，提高他们的应变能力和协作精神。

（3）应急处置的实施：在紧急情况发生时，工作人员应根据应急处置预案迅速采取行动。他们要保持冷静，按照预案中的步骤进行操作，确保乘客和自身的安全。同时，还要及时与相关部门取得联系，寻求专业的救援和支持。

（三）车厢清洁与卫生标准的维护

在动车组客运服务中，车厢清洁卫生状况对乘客乘车体验和健康影响重大，是客运作业的关键任务。

1. 日常清洁工作

日常清洁工作是保持车厢整洁的基础。工作人员要全面清理垃圾，包括地面、座位周边、行李架下及角落，定时清空垃圾桶并巡查车厢，防止垃圾残留。对于座椅和扶手等乘客频繁接触的设施，需用合适清洁布和清洁剂定期擦拭，清除污渍和灰尘。地毯和窗帘也需定期清洗，地毯要依据污染程度选择合适设备和清洁剂深度清洁、消毒，窗帘则保持干净整洁。此外，要根据客流量和使用时间定期更换座套和枕套，确保干净无破损。

2. 卫生标准制定与执行

客运企业应制定严格卫生标准。清洁频率上，高流量区域和高接触设施增加清洁次数，低流量区域定期清洁。清洁用品使用需规范，不同材质设施用不同清洁剂，清洁布分类使用，消毒剂严格控制浓度和使用时间。垃圾处理要分类收集，运送到指定地点且确保无泄漏。严格执行这些标准可防止疾病传播和乘客不适。

3. 乘客卫生意识培养

车厢卫生维护需乘客参与。客运企业可通过广播定时宣传，提醒乘客将垃圾入桶、咳嗽打喷嚏注意遮挡、勤洗手等。在车站和列车上发放宣传册，详细介绍卫生知识和车厢卫生维护的重要性及具体做法。同时，在垃圾桶、洗手池等位置设置提示标语，引导乘客养成良好卫生习惯。

4. 特殊时期加强清洁的措施

在传染病流行等特殊时期，需进一步加强车厢清洁工作。增加对车厢的消毒频次，尤其是对经常触摸的表面，如扶手、按钮、门把手等，使用符合防疫标准的消毒剂进行重点消毒。加强通风系统的检查和维护，确保车厢内空气流通良好，降低病毒传播风险。同时，工作人员需做好个人防护，如佩戴口罩、手套等，防止交叉感染。

知识拓展

动车组列车途中安全秩序规范

1. 安全使用电源，正确使用电器设备

电器元件安装牢固，接线及插座无松动，按钮开关、指示灯作用良好；不乱接电源和增加电器设备，不超过允许负载。配电室（箱）、电气控制柜锁闭，无堆放物品。不用水冲刷车内地板、连接处和车内电器设备。

2. 车门管理

列车到站停稳后，司机或随车机械师开启车门，并监控车门开启状态。开车前，列车长（重联时为运行方向前组列车长）接到车站与客运有关的作业完毕通知后，按规定通知司机或随车机械师关闭车门。

动车组列车停靠低站台时，到站前乘务人员提前锁闭辅助板指示锁并打开翻板，开车后及时将翻板及辅助板指示锁复位。

列车运行中，车门、气密窗锁闭状态良好。定期巡视，保持通道畅通。发现车门未锁闭或锁闭状态不良时，指派专人看守，并及时通知随车机械师处理。

3. 安全宣传和防范

运行中做好安全宣传和防范，车内秩序、环境良好，无闲杂人员随车叫卖、拣拾、讨要。发现可能损坏车辆设施和影响安全、文明的行为及时制止。

4. 禁烟宣传

全列各处所禁止吸烟，加强禁烟宣传，发现吸烟行为及时劝阻，并由公安机关依法查处。

5. 行李存放

行李架、大件行李存放处物品摆放平稳、牢固、整齐。大件行李放在大件行李存放处，不占用席（铺）位，不堵塞通道。锐器、易碎品、杆状物品及重物等放在座（铺）位下面或大件行李存放处。衣帽钩限挂衣帽、服饰等轻质物品。使用小桌板不超过承重范围。

发现行为、神情异常的旅客时，重点关注，配备乘警的列车通知乘警到场处理；未配备乘警的由列车长按规定处理，情形严重时交列车运行前方停车站处理。

6. 旅客携带品检查

发现旅客携带品可疑及无人认领的物品时，配备乘警（或列车安全员，下同）

的列车通知乘警到场处理；未配备乘警的由列车长按规定处理，对危险品做好登记、保管及现场处置，并交前方停车站（公安部门）处理。

7. 关注异常旅客

发现行为、神情异常的旅客时，重点关注，配备乘警的列车通知乘警到场处理；未配备乘警的由列车长按规定处理，情形严重时交列车运行前方停车站处理。

发生旅客伤病时，提供协助，通过广播寻求医护人员帮助；情形严重的，报告客调。

【任务实施】

本任务的实施要求如表 3-1-1 所示。通过此任务，学生能够更好地理解客运工作人员的工作职责和要求，提升他们的专业素养和实践能力。同时，角色扮演和问答环节也有助于培养学生的应变能力和团队协作能力。

表 3-1-1　任务实施要求

项目	实施要求
任务分组	☆ 将参与任务的学生分成若干小组，每组 5～6 人，确保每位学生都能充分参与模拟实践，小组内成员需扮演不同的角色，如客运工作人员、乘客等，以全面体验客运作业流程； ☆ 每组选出一名组长，负责协调组内成员的工作，并与教师进行沟通； ☆ 统一专业实训服（如条件不允许，可着正装）
实施场所	☆ 模拟车厢、模拟站台、模拟会议室等
场景要求	☆ 教师应准备详细的客运作业规范资料，并引导学生进行学习和理解； ☆ 学生需模拟客运站工作人员，按照客运作业规范，完成乘客接待、票务处理、安全检查、乘车指引等流程； ☆ 场景设置应包括正常情况下的客运作业流程，以及应对突发情况（如乘客突发疾病、列车晚点等）的处理
任务考核	☆ 观察学生在模拟实践中的表现，评估其是否按照客运作业规范进行操作，包括服务态度、票务处理准确性、安全检查流程等

【评价考核】

本任务的评价考核标准如表 3-1-2 所示。

表 3-1-2　任务评价考核标准

序号	评分项目	扣分点	备注
1	仪容仪表（10%）	未按规定着装； 标志佩戴不正确	出现以下问题判不合格： （1）小组中有两人以上缺席演练； （2）严重扰乱课堂秩序； （3）有其他触及岗位红线的行为
2	文明用语（10%）	使用不文明、不礼貌或冒犯性的语言； 沟通时语气不当，如过于生硬、冷漠或粗鲁	
3	演练纪律（20%）	演练过程中不遵守规定流程或步骤； 迟到、早退或无故缺席演练； 在演练中嬉戏打闹、不认真对待	
4	自我评价（10%）	自我评价过于夸大或不切实际； 未能准确识别自身在演练中的优点与不足； 缺乏自我反思和改进的意愿	
5	作业规范（50%）	作业内容不完整、不准确或存在错误； 未按照规定的格式或标准完成作业； 作业提交不及时或存在抄袭现象	
	合计		

【归纳总结】

完成本任务学习之后，请认真进行归纳总结，填写表 3-1-3。

表 3-1-3　任务总结

任务名称：		日期：	
专业：	班级：		姓名：
索引区域 （对本任务所学内容进行要点提炼）	笔记区域 （记录本任务中的重点、难点和中心思想，对未掌握部分进行梳理）		
总结区域 （对本任务所学内容进行归纳总结）			

【知识练兵场】

一、选择题

1. 客运作业主要包括以下几个关键环节（　　）。
   A. 旅客接待与服务
   B. 行车过程中的旅客服务
   C. 到站服务
   D. 以上都是

2. 在验证车票过程中，工作人员需要特别注意以下几点（　　）。
   A. 核对车票信息
   B. 检查防伪标记
   C. 查询票务系统
   D. 以上都是

二、判断题

1. 对于特殊行李，如易碎品、乐器等，乘客应提前与工作人员沟通并寻求帮助。工作人员会根据行李的特点和交通工具的实际情况，为乘客提供合理的存放建议和服务。（　　）

2. 当乘客进站时，服务人员应主动迎接，微笑致意，并引导乘客前往候车室或站台。在迎接过程中，服务人员应关注乘客的需求，主动提供帮助。（　　）

三、填空题

1. 乘务员需要不断学习和提升自己的服务技能，包括_____等。通过定期的培训和实践，乘务员可以更加熟练地掌握服务技巧和方法。

2. 如_____等，这些设施和设备是客运作业的物质基础，直接影响旅客的出行体验。

任务二　备品使用制度

【任务情景】

作为一名新晋列车管理人员，你正在为新的动车组列车乘务组制定备品使用制度。这项制度对于确保列车运行过程中的物资充足与合理使用至关重要。你需要详细规划各类备品，如安全设备、清洁用品、乘客便利设施等的储存、使用及补充流程。你的目标是确保乘务组在任何情况下都能迅速获取所需备品，同时避免浪费和不合理使用。为此，你将深入研究每种备品的使用频率和消耗速度，制定合理的库存量，并建立清晰的申领与归还流程。此外，你还需考虑备品的维护和更新问题，确保它们始终处于良好状态。通过制定科学的备品使用制度，你期望为乘务组的工作提供有力支持，进而保障列车的安全顺畅运行，并为乘客带来更加舒适的旅行体验。

【任务目标】

学习目标：

☆ 全面了解动车组列车备品的种类、用途及管理规定。
☆ 掌握备品使用制度的基本内容和要求。

技能目标：

☆ 能够正确、规范地使用各类备品，确保列车运行的安全与舒适。
☆ 熟练掌握备品的日常检查、保养及更换流程，确保备品处于良好状态。

素养目标：

☆ 培养节约意识，合理使用备品，减少浪费。
☆ 增强责任心，严格遵守备品使用制度，确保列车服务质量和乘客满意度。

高铁之窗

备品使用制度中的诚信与责任

合肥火车站的客运员小王（化名王志强）一直以来都严格遵守车站的备品使用制度。车站为应对紧急情况，储备了一些必要的备品，如应急灯具、安全设备等。这些备品在日常运营中可能不常用，但在关键时刻却能发挥重要作用。

某天夜晚，由于突发恶劣天气，车站的部分照明设备出现故障，导致站台局部区域一片漆黑。此时，正好有一趟列车即将进站，黑暗的环境给旅客的乘车安全带来了隐患。面对这一紧急情况，小王迅速反应，他立即按照备品使用制度，从储备室中取出了应急灯具，并迅速布置在站台的关键位置，确保了旅客的安全乘车。事后，小王还及时将使用过的备品进行了登记，并向车站管理部门报告了此次应急灯具的使用情况。

——安徽交通报

案例分析：

诚信精神：小王严格遵守备品使用制度，不滥用、不挪用备品，这体现了他的诚信精神。在紧急情况下，他能够坚守原则，按照制度行事，这种品质值得我们学习。诚信是社会主义核心价值观中的重要内容，小王的行为正是对这一价值观的践行。

责任意识：面对紧急情况，小王没有选择逃避或推诿，而是主动承担责任，迅速采取措施解决问题。他的责任意识确保了旅客的安全和车站的正常运营。这种责任感是社会主义核心价值观中"敬业"和"责任"的生动体现。

遵守制度：小王在整个过程中始终遵守车站的备品使用制度，没有违规操作。他的行为彰显了制度的严肃性和权威性，也为我们树立了一个遵守制度的典范。

通过小王的故事，我们看到了备品使用制度中的诚信与责任。这些品质不仅关乎车站的正常运营和旅客的安全出行，更是对社会主义核心价值观的践行和传承。我们应该向小王学习，将诚信、责任和遵守制度的精神内化于心、外化于行，共同为社会的和谐稳定贡献力量。

【知识链接】

一、备品概述

备品，通常是指在设备维护、运营或应急处理过程中，为了保障设备的正常运行或应对突发情况而准备的替换零部件、工具或设备。在高铁列车运营中，备品的作用尤为重要，它们不仅关系到列车的安全运行，还直接影响到乘客的舒适度和满意度。

（一）备品的含义

备品，即备用物品，是指在正常运营过程中，为了应对设备故障、损坏或消耗而预先准备的物品。这些物品包括但不限于零部件、易损件、工具、耗材等。在高铁列车上，备品主要用于列车的日常维护、紧急修理以及乘客服务等方面。

（二）备品的种类

高铁列车上的备品种类繁多，根据其用途和性质，大致可以分为以下几类：

（1）零部件备品：这类备品主要用于替换列车上损坏或老化的零部件，如轴承、密封件、连接件等。这些零部件对于列车的安全运行至关重要，因此必须时刻保持充足的库存。

（2）易损件备品：易损件是指在使用过程中容易磨损或损坏的部件，如刹车片、滤网、灯泡等。这些备品需要定期更换，以确保列车的正常运行。

（3）工具备品：这类备品包括各种维修工具、检测仪器和测量设备等，用于列车的日常检查、维护和紧急修理。

（4）耗材备品：耗材备品主要是指在使用过程中会逐渐消耗的物品，如润滑油、清洁剂、密封胶等。这些备品对于保持列车的良好状态和延长使用寿命具有重要作用。

（5）安全备品：如灭火器、急救包等，用于应对列车上可能发生的紧急情况，保障乘客和工作人员的安全。

（6）乘客服务备品：这类备品主要用于提升乘客的舒适度，如纸巾、垃圾袋、一次性杯子等。虽然这些备品不直接影响列车的运行，但对于提升乘客满意度和列车服务质量至关重要。

（三）高铁列车上常见的备品

在高铁列车上，常见的备品主要包括以下几类。

1. 紧急制动装置

紧急制动装置（见图 3-2-1）是列车安全运行的重要保障，一旦列车出现紧急情况，如超速、失控等，紧急制动装置能够迅速启动，使列车减速停车，如图 3-2-2 所示。

图 3-2-1　紧急制动装置

2. 灭火器

高铁列车上必须配备一定数量的灭火器（见图 3-2-2），以应对可能发生的火灾事故。灭火器应定期检查和维护，确保其处于良好状态。

图 3-2-2　灭火器

3. 急救包

为了应对乘客或工作人员在列车上可能发生的意外伤害，高铁列车上通常会配备急救包，其中包含创可贴、消毒液、绷带等基本急救用品。

4. 维修工具

高铁列车上会配备一套完整的维修工具，包括螺丝刀、扳手、钳子等基本工具，以及专业的电气测试仪器和机械维修设备（见图 3-2-3）。这些工具对于列车的日常维护和紧急修理至关重要。

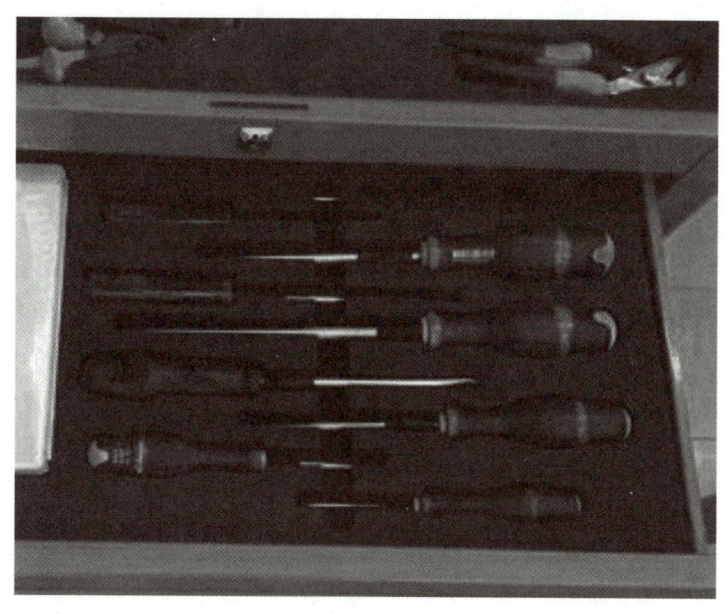

图 3-2-3　维修工具

5. 替换零部件

为了应对列车上可能出现的设备故障，高铁列车上会储备一定数量的替换零部件，如电器元件、密封件等。这些零部件可以在设备出现故障时迅速替换，以恢复列车的正常运行。

6. 乘客服务用品

为了提升乘客的舒适度，高铁列车上还会提供一些乘客服务用品，如纸巾、垃圾袋、一次性杯子、毛毯等。这些用品虽然看似微不足道，但对于提升乘客满意度和列车服务质量却起着至关重要的作用。

二、备品使用制度的基本原则

备品使用制度在高铁列车运营中占据着举足轻重的地位，它直接关系到列车的安全运行、运营效率以及乘客的满意度。为了确保备品使用的有效性、安全性和经济性，必须遵循一系列基本原则。这些原则为工作人员在日常操作中提供了明确的指导意见和规范准则，从而确保备品能够得到合理、高效的使用。

微课：备品使用制度

（一）按需配备

备品的配备应基于动车组运营的实际需求和乘客服务的具体要求。根据列车的车型、编组、运行线路、客流量等因素，科学合理地确定各类备品的数量和种类。例如，对于长途、客流量大的动车组列车，应适当增加一次性清洁用品、饮用水、食品等备品的储备；而对于短途或特定类型的列车，可根据其服务特点进行针对性的备品配备，确保备品既不短缺影响服务，也不造成不必要的资源浪费。

（二）规范存放

所有备品在列车上都应有固定且规范的存放位置。存放地点应便于工作人员取用，同时不影响乘客的正常活动和列车的安全运行。对于常用备品，如急救箱、灭火器等，应放置在明显且易于操作的位置，并设有清晰的标识；对于其他备品，如毛毯、枕头等，应整齐存放在专门的备品柜或指定区域，且存放方式应符合卫生和安全标准，避免备品受到污染或损坏。

（三）专人负责

每类备品都应指定专人负责管理。这些责任人应熟悉所负责备品的种类、数量、存放位置、使用方法和维护要求等。在列车运行前，责任人需对备品进行检查和核对，确保备品数量准确、完好无损；在运行过程中，及时为乘客提供所需备品，并负责监督备品的使用情况，防止备品丢失或滥用；列车结束运营后，对备品进行清点和整理，如有损坏或缺失，及时上报并进行补充或维修。

（四）合理使用

工作人员在使用备品时应遵循合理使用的原则。对于一次性备品，如纸巾、纸杯等，应按照实际需求提供给乘客，避免过度发放造成浪费；对于可重复使用的备品，如毛毯、靠垫等，要在乘客使用后及时回收、清洁和整理，确保其能继续正常使用。同时，在使用过程中要注意爱护备品，避免因不当操作导致备品损坏，延长备品的使用寿命。

（五）及时补充与更新

根据备品的使用情况和损耗程度，应及时进行补充和更新。工作人员在日常检查中若发现备品数量不足或有损坏无法继续使用的情况，应及时上报相关部门，以便安排补充或更换。此外，随着技术的发展和乘客需求的变化，对于一些老旧或不符合新服务标准的备品，要定期进行评估和更新，确保备品的质量和功能始终满足动车组客运服务的要求。

（六）安全与卫生

备品的使用必须保障列车运行安全和乘客的健康卫生。对于涉及安全的备品，如消防器材、应急照明设备等，要定期进行检查和维护，确保其在紧急情况下能正常使用；对于与乘客直接接触的备品，如床单、枕套、餐具等，要严格遵守卫生消毒标准，定期清洗和更换，防止细菌传播和疾病感染。在备品的采购环节，也要选择符合安全和卫生质量标准的产品,从源头上保障备品的安全性和卫生性。

三、备品使用流程

备品使用流程是高铁运营中不可或缺的一环,它确保了备品的有效管理、及时供应和合理使用。下面将详细介绍备品的申请与领取、存储与管理、使用与记录以及补充与更新的具体流程。

(一)备品的申请与领取

1. 备品申请

当某个部门或车队需要备品时,首先由负责人或指定人员填写备品申请单。申请单上需注明所需备品的名称、规格、数量以及用途等信息。同时,应提供申请理由,如设备维护、更换损坏部件等。

申请单提交后,由物资管理部门进行审批。审批过程中,需核实申请内容的真实性和合理性,确保所申请备品符合实际需求。若审批通过,物资管理部门将通知仓库准备相应备品。

2. 备品领取

申请部门或车队在接到物资管理部门的通知后,可指派专人前往仓库领取备品。领取时,需出示审批后的申请单,并按照申请单上的内容核对备品的名称、规格和数量。

仓库管理人员在核实无误后,方可发放备品。领取人员需在领取记录上签字确认,以确保备品已正确领取并承担责任。

(二)备品的存储与管理

1. 存放位置

备品应存放在指定的仓库或储藏室内,确保环境干燥、通风且安全。不同种类的备品应分类存放,并设置明显的标识牌,以便快速识别和取用。

2. 管理方法

仓库管理人员需定期对备品进行盘点和检查,确保数量准确、质量完好。同时,应建立完善的库存管理系统,记录备品的入库、出库和库存情况。

对于重要或昂贵的备品,应实行严格的出入库登记制度,防止丢失或损坏。此外,仓库管理人员还需密切关注备品的有效期和质量状况,及时处理过期或损坏的备品。

3. 保养措施

为了确保备品的正常使用和延长使用寿命,应制定相应的保养措施。例如,定期对易损件进行润滑、清洁和检查;对于需要充电或校准的设备,应按照说明书进行操作等。

（三）备品的使用与记录

1. 操作步骤

在使用备品前，使用人员应仔细阅读使用说明书或操作手册，了解备品的性能、使用方法和注意事项。使用时，应按照规定的操作步骤进行，避免误操作或违规使用。

如遇到使用问题或故障，使用人员应及时向技术人员或维修人员寻求帮助，不得擅自拆卸或修理备品。

2. 记录要求

每次使用备品后，使用人员需详细记录使用情况，包括使用时间、地点、使用人员姓名、使用数量以及使用效果等信息。这些记录对于后续的备品管理和维护具有重要意义。

同时，应建立备品使用档案，定期汇总和分析使用情况，以便及时发现问题并采取相应的改进措施。

（四）备品的补充与更新

1. 补充时机

当备品库存量低于预设的安全库存时，物资管理部门应及时启动补充程序。此外，在特殊情况下，如突发事件或设备故障等，也可能需要紧急补充备品。

2. 更新换代流程

随着技术的不断进步和设备的更新换代，部分备品可能需要进行相应的更新。在此情况下，物资管理部门应与技术部门密切合作，及时了解新技术和新设备的需求，并制定相应的备品更新换代计划。

更新换代过程中，需对旧备品进行清理和评估，对于仍可使用的旧备品进行合理调配或再利用；对于已损坏或过时的旧备品则进行报废处理。同时，要确保新备品的采购、入库和管理工作顺利进行，以满足实际运营需求。

四、备品使用中的注意事项

在高铁列车运营过程中，备品的使用是确保列车安全、顺畅运行的关键环节。然而，备品的不当使用或管理不仅会影响列车的正常运行，还可能带来安全隐患。因此，在使用备品时，必须严格遵守一系列注意事项，以确保备品的有效利用和列车的安全运行。

（一）安全相关备品使用注意事项

（1）消防器材：灭火器等消防备品应定期检查其压力指针是否在正常范围、喷管有无堵塞、零部件有无损坏等。工作人员需熟悉灭火器的操作方法，如提起灭火器、拔掉保险销、对准火焰根部按压压把进行灭火。在非紧急情况时，严禁随意摆弄消防器材，避免造成误触发或损坏，确保在火灾等紧急情况发生时能正常使用。

（2）应急照明设备：定期测试应急照明设备的功能，检查灯泡是否损坏、电池电量是否充足。当遇到列车突发停电等紧急情况时，要确保应急照明设备能迅速启动，为乘客疏散提供足够的照明。同时，注意保护应急照明设备的电路和外壳，防止因碰撞、受潮等因素影响其性能。

（3）安全防护用具：如急救箱内的医疗用品，应确保其在有效期内且数量完整。工作人员需经过基本急救培训，了解如何正确使用担架、急救绷带、消毒用品等，在乘客突发疾病或受伤时进行初步急救处理。对于防护手套、护目镜等其他安全防护用具，在处理可能涉及危险物品或进行清洁消毒等工作时要正确佩戴，防止工作人员自身受到伤害。

（二）乘客服务备品使用注意事项

（1）一次性备品：像纸杯、纸巾等一次性备品，在提供给乘客时要注意适量。避免因过度发放导致备品过早耗尽，影响后续乘客的使用需求。发放过程中保持手部清洁，防止污染备品。对于未使用完的一次性备品，应妥善存放，不得重复使用，以保障卫生标准。

（2）可重复使用备品：毛毯、枕头、座套等可重复使用备品在使用后要及时回收。检查是否有污渍、破损情况，如有污渍应按照规定的清洗流程进行清洗，确保清洁卫生。对于有破损的备品，要及时标记并进行维修或更换。在存放可重复使用备品时，应保持干燥通风，防止发霉或滋生细菌。

（3）餐饮备品：餐车使用的餐具、厨具等备品要严格遵守食品卫生标准。餐具使用后应立即清洗消毒，厨具在使用前后都要进行检查，确保无损坏、清洁干净。食品备品要注意保质期和储存条件，如冷藏食品需保存在规定温度的冷藏设备内，防止食品变质。

（三）清洁与维护备品使用注意事项

（1）清洁工具：拖把、抹布等清洁工具应分开使用，避免交叉污染。例如，清洁厕所的拖把和抹布不能用于清洁车厢内其他区域。使用后要及时清洗干净，并放置在专门的清洁工具存放处晾干，防止细菌滋生和产生异味。定期检查清洁工具的磨损情况，如拖把布条脱落、抹布破损严重时，要及时更换。

（2）清洁用品：清洁剂、消毒剂等清洁用品要按照使用说明书的要求进行稀释和使用。不同类型的清洁任务应使用合适的清洁用品，如清洁玻璃使用玻璃清洁剂，消毒表面使用消毒剂。注意避免清洁用品混合使用产生有害气体或降低清洁消毒效果。在使用清洁用品时，工作人员要做好个人防护，如佩戴橡胶手套和口罩，防止皮肤和呼吸道受到刺激。

（四）其他备品使用注意事项

（1）信息显示备品：列车上的电子显示屏、广播系统等信息显示备品要保证其正常运行。工作人员应按照规定程序操作电子显示屏，及时更新列车运行信息、服务提示等内容。广播系统在使用前要检查音量、音质是否正常，避免广播声音过大或过小影响乘客。定期对信息显示备品进行维护，防止出现故障导致信息传递不畅。

（2）行李存放备品：行李架、行李存放处等备品在使用时要注意引导乘客合理放置行李。提醒乘客不要超重、超大放置行李，防止行李掉落砸伤乘客或损坏其他物品。工作人员要定期检查行李存放备品的牢固程度，如行李架螺丝是否松动等，确保其安全性。对于特殊行李存放需求，如大件行李、易碎品行李等，要合理安排存放位置，并做好相应的保护措施。

五、常见问题与应对措施

在高铁运营过程中，备品的使用是保障列车正常运行的重要环节。然而，在实际操作中，可能会遇到备品损坏、丢失或使用中出现异常情况等问题。为了确保高铁运营的安全与顺畅，必须对这些常见问题有充分的了解和准备，并采取相应的措施。

（一）备品损坏或丢失的应对措施

备品损坏或丢失是高铁运营中常见的问题，这不仅可能影响列车的正常运行，还可能带来安全隐患。因此，必须采取有效的应对措施来解决这些问题。

1. 备品损坏的应对措施

当发现备品损坏时，乘务员应立即向上级汇报，并详细说明损坏的备品名称、损坏程度和发现时间等信息。同时，应尽快将损坏的备品进行更换或修复，以确保列车正常运行。为了防止备品损坏，高铁企业应定期对备品进行检查和维护，及时发现并处理潜在的问题。

为了应对备品损坏的突发情况，高铁企业还应建立完善的应急响应机制。当备品损坏影响列车正常运行时，应迅速启动应急预案，调配其他可用备品进行替换，以最小化对运营的影响。

2. 备品丢失的应对措施

备品丢失可能是由于人为原因、管理漏洞或设备故障等多种因素导致的。为了防止备品丢失，高铁企业应加强对备品的管理和监控。首先，应建立完善的备品管理制度，明确备品的申领、使用、归还等流程，确保每一步操作都有明确的记录和责任人。其次，应定期对备品进行盘点和检查，确保数量准确、无丢失现象。

当发现备品丢失时，乘务员应立即向上级汇报，并协助相关部门进行调查。同时，应根据丢失备品的重要性和紧急程度，及时采取补救措施，如重新申领或调配其他可用备品进行替换。为了防止类似事件的再次发生，高铁企业还应加强安全教育和培训，提高员工的安全意识和责任心。

（二）备品使用中的异常情况处理流程

在备品使用过程中，可能会遇到各种异常情况，如备品无法正常工作、出现故障或安全隐患等。为了确保列车运行的安全和顺畅，必须明确完善的异常情况处理流程。

当乘务员在使用备品时发现异常情况时，应立即停止使用并向上级汇报。同时，应详细记录异常情况的现象、时间和地点等信息，以便后续分析和处理。

在接到异常情况报告后，相关部门应立即组织专业人员进行分析和处理。首先，应对异常情况进行初步判断，确定可能的原因和解决方案。然后，根据实际情况采取相应的措施进行修复或替换损坏的备品。在处理过程中，应保持与相关部门的沟通和协作，确保问题得到及时解决。

异常情况处理完成后，应对整个过程进行总结和分析。通过总结经验教训和存在的问题，提出改进措施和建议，以防类似问题的再次发生。同时，还应将处理结果及时向上级汇报并做好相关记录。

（三）乘务员之间在备品使用上的协作与沟通方式

乘务员之间在备品使用上的协作与沟通是确保列车正常运行的重要环节。为了加强乘务员之间的协作与沟通，可以采取以下措施：

1. 建立有效的沟通渠道

高铁企业应建立完善的沟通渠道，确保乘务员之间能够及时、准确地传递信息。例如，可以使用对讲机、微信群等通信工具进行实时沟通和信息交流。同时，还应定期召开乘务员会议或培训活动，加强彼此之间的了解和信任。

2. 明确职责与分工

在列车运行过程中，乘务员应明确各自的职责和分工。每个乘务员都应了解自己负责的区域和备品使用情况，确保在紧急情况下能够迅速做出反应并与其他乘务员进行协作。此外，还应建立备品使用交接制度，确保信息的连续性和准确性。

3. 加强团队协作与培训

高铁企业应加强对乘务员的团队协作能力和沟通技巧的培训。通过组织模拟演练、案例分析等活动，提高乘务员应对突发情况和协作处理问题的能力。同时，还应鼓励乘务员之间互相学习和分享经验，共同提升业务水平和服务质量。

知识拓展

烟雾报警器

烟雾报警器又称火灾烟雾报警器、烟雾传感器、烟雾感应器等。一般将独立的实物产品、由电池供电或由交流电供电并配有备用电池，现场报警时能发出声光指示的烟雾报警器称为独立式烟雾报警器；而将由总线供电，总线上可连接多个报警器，与火灾报警控制器联网通信，组成一个报警系统，报警时现场无声音，主机有声光提示的感烟报警装置称为感烟报警器。烟雾报警器从报警原理上又可分为离子烟雾报警器、光电烟雾报警器。

安全渡板使用与管理：

列车在高站台停靠时间在 3 min 以上时，必须使用安全渡板、挂放安全警示带，组织旅客乘降。

列车停靠的站台高度低于 115 cm 或站台与车厢边门踏板间隙大于 40 cm 时，不使用安全渡板。

【任务实施】

本任务的实施要求如表 3-2-1 所示。通过此任务，学生能够更好地理解备品管理的重要性，提升职业素养和实际操作能力。同时，角色扮演和问答环节也有助于培养学生的应变能力和团队协作能力。

表 3-2-1　任务实施要求

项目	实施要求
任务分组	☆将参与任务的学生分成若干小组，每组 4～5 人，确保小组内有足够的人手进行备品的管理、使用和记录； ☆每组选出一名组长，负责协调组内成员的工作，并与教师进行沟通
实施场所	☆实训室或模拟仓库：提供一个模拟的备品存放和管理环境，以供学生进行实际操作
场景要求	☆教师应准备详细的备品使用制度资料，包括备品的分类、存放、申领、使用和报废等流程； ☆学生需模拟备品管理员，按照备品使用制度，完成备品的入库、出库、盘点和报废等操作； ☆场景设置应包括正常情况下的备品管理，以及应对特殊情况（如备品损坏、丢失等）的处理
任务考核	☆观察学生在模拟实践中的表现，评估其是否按照备品使用制度进行操作，包括备品的分类存放、申领、填写使用记录等

【评价考核】

本任务的评价考核标准如表 3-2-2 所示。

表 3-2-2　任务评价考核标准

序号	评分项目	扣分点	备注
1	仪容仪表（10%）	未按规定着装； 标志佩戴不正确	出现以下问题判不合格： （1）小组中有两人以上缺席演练； （2）严重扰乱课堂秩序； （3）有其他触及岗位红线的行为
2	文明用语（10%）	使用不文明、不礼貌或冒犯性的语言； 沟通时语气不当，如过于生硬、冷漠或粗鲁	
3	演练纪律（20%）	演练过程中不遵守规定流程或步骤； 迟到、早退或无故缺席演练； 在演练中嬉戏打闹、不认真对待	
4	自我评价（10%）	自我评价过于夸大或不切实际； 未能准确识别自身在演练中的优点与不足； 缺乏自我反思和改进的意愿	
5	作业规范（50%）	作业内容不完整、不准确或存在错误； 未按照规定的格式或标准完成作业； 作业提交不及时或存在抄袭现象	
	合计		

【归纳总结】

完成本任务学习之后，请认真进行归纳总结，填写表 3-2-3。

表 3-2-3　任务总结

任务名称：		日期：	
专业：		班级：	姓名：
索引区域 （对本任务所学内容进行要点提炼）		笔记区域 （记录本任务中的重点、难点和中心思想，对未掌握部分进行梳理）	
总结区域 （对本任务所学内容进行归纳总结）			

【知识练兵场】

一、选择题

1. 以下（　　）不是备品使用制度的基本原则。
   A. 安全性原则
   B. 规范性原则
   C. 节约性原则
   D. 独立性原则

2. 乘务员之间在备品使用上的协作与沟通是确保列车正常运行的重要环节。为了加强乘务员之间的协作与沟通，可以采取以下措施（　　）。
   A. 建立有效的沟通渠道
   B. 明确职责与分工
   C. 加强团队协作与培训
   D. 以上都是

二、判断题

1. 高铁企业应建立完善的沟通渠道，确保乘务员之间能够及时、准确地传递信息。例如，可以使用对讲机、微信群等通信工具进行实时沟通和信息交流。同时，还应定期召开乘务员会议或培训活动，加强彼此之间的了解和信任。（　　）

2. 当发现备品丢失时，乘务员应立即向上级汇报，并协助相关部门进行调查。同时，应根据丢失备品的重要性和紧急程度，及时采取补救措施，如重新申领或调配其他可用备品进行替换。（　　）

三、填空题

1. 在高铁列车上，由于环境相对封闭，尘埃、污垢等污染物容易积累，对备品造成损害。因此，操作人员应定期对备品进行_____，去除表面的污垢和尘埃。

2. 高铁列车上会配备一套完整的维修工具，包括_____等基本工具，以及专业的电气测试仪器和机械维修设备。这些工具对于列车的日常维护和紧急修理至关重要。

任务三　趟计划制

【任务情景】

作为一名新晋列车管理人员，你正面临着一项重要任务：制定动车组列车的趟计划。这不仅是确保列车准时、安全运行的关键，更是提升乘客满意度和服务质量的重要环节。你需要深入研究列车的运行路线、停靠站点、运行时间等因素，制定出既高效又合理的趟计划。你的目标是确保列车能够按照既定时间表准时发车、到站，同时充分考虑乘客的出行需求和列车的运营成本。在制定趟计划时，你还需要与乘务组、车站等相关部门密切沟通，确保各项工作的顺畅进行。通过精心制定和不断优化趟计划，你期望为乘客提供更加准时、可靠的列车服务，同时提升整个乘务团队的工作效率和服务水平。

【任务目标】

学习目标：

☆ 深入理解趟计划制的基本概念和重要性。
☆ 掌握制定趟计划的基本原则和方法。

技能目标：

☆ 能够根据列车运行需求和实际情况，合理制定趟计划，确保列车正点、安全、高效地运行。
☆ 熟练掌握趟计划的调整和优化技巧，以应对各种突发情况和变化。

素养目标：

☆ 培养细致、严谨的工作态度和计划性强的工作习惯。
☆ 提升分析问题和解决问题的能力，以及灵活应对变化的能力。
☆ 增强团队合作意识，确保趟计划的顺利执行，为乘客提供优质的服务。

高铁之窗

趟计划制下的精准与协作——记上海铁路局列车长张华的故事

张华（化名）是上海铁路局某动车组的列车长，他深知趟计划制对于列车运行的重要性和意义。趟计划是铁路部门为确保列车安全、正点、高效运行而制定的一项详细计划，它涵盖了列车的运行时间、停靠站点、乘务人员的工作安排等诸多方面。

某个周末，张华值乘的动车组从A市出发前往B市。在出发前，他仔细检查了趟计划，并确保所有乘务人员都清楚各自的责任。列车在行驶过程中，他严格按照趟计划的时间节点进行操作，确保列车在每个站点都能准时停靠和发车。然而，在列车行驶到中途时，突然遭遇了恶劣天气，导致前方线路出现故障。面对这一突发情况，张华迅速启动应急预案，与乘务人员紧密协作，及时向乘客通报情况，并做好安抚工作。同时，他积极与铁路局调度中心联系，了解故障修复的最新进展，以便及时调整趟计划。

在张华的带领下，乘务人员们保持冷静，按照趟计划和应急预案的要求，有序地开展各项工作。最终，在铁路局相关部门的共同努力下，故障很快得到了修复，列车也恢复了正常运行。

——上海铁路新闻网

案例分析：

*精准执行：*张华严格按照趟计划执行工作，体现了精准执行的精神。在铁路运输中，任何一点小小的偏差都可能引发连锁反应，影响到整个运输系统的安全和效率。因此，精准执行趟计划是确保列车运行安全、正点、高效的关键。

*团结协作：*面对突发情况，张华与乘务人员紧密协作，共同应对挑战。这种团结协作的精神是趟计划制中重要一环，也是社会主义核心价值观中"团结"的体现。只有团结协作，才能确保列车在面对各种突发情况时能够迅速、有效地应对。

*责任担当：*作为列车长，张华深知自己的责任重大。他不仅要确保列车的安全运行，还要带领乘务人员为乘客提供优质的服务。在面对突发情况时，他勇于承担责任，果断决策，为乘客的安全和舒适出行提供了有力保障。

通过张华的故事，我们看到了趟计划制下的精准与协作的重要性。这些品质不仅关乎列车的安全运行和乘客的舒适体验，更是对社会主义核心价值观的践行和传承。我们应该向张华学习，将这种精准执行、团结协作和责任担当的精神内化于心、外化于行，共同为社会的和谐稳定贡献力量。

【知识链接】

一、趟计划概述

（一）趟计划的概念

趟计划，简而言之，就是针对每一趟动车组列车的客运作业所制定的详细计划。这个计划涵盖了列车运行的全过程，包括乘务员的配置、服务流程的规划、安全措施的落实、应急处置的预案等各个方面。它是高铁乘务工作的指导手册，为乘务员提供了明确的工作方向和标准要求。

（二）趟计划在高铁乘务工作中的重要性

趟计划在高铁乘务工作中具有不可替代的重要性。首先，它是保障列车安全运行的关键。通过趟计划，乘务员可以清晰地了解自己的职责和任务，确保在列车运行过程中各项安全措施得到有效执行，从而最大限度地保障旅客的人身安全。其次，趟计划对于提升服务质量也至关重要。高铁作为现代化的交通工具，服务质量是其竞争力的重要体现。趟计划中明确了服务流程和标准要求，使得乘务员能够为旅客提供统一、规范、高质量的服务，有效提升旅客的乘车体验。此外，趟计划还是优化列车运营效率的重要手段。通过合理安排乘务员的工作时间和任务，趟计划能够确保列车在各个环节都能高效运行，从而提高列车的整体运营效率。

（三）趟计划的目的和意义

趟计划的目的首先是为了确保动车组列车的安全、正点、高效运行。通过制定详细的作业计划，趟计划能够指导乘务员做好各项准备工作，确保列车在运行过程中始终保持最佳状态。同时，趟计划还能帮助乘务员应对各种突发情况，确保列车的安全运行。其次，趟计划的意义在于提升旅客的乘车体验。通过明确服务流程和标准，乘务员可以为旅客提供更加专业、周到的服务。这种优质的服务不仅能够满足旅客的需求，还能提升旅客对高铁的信任度和满意度。此外，趟计划还有助于提高乘务员的工作效率。通过合理的任务分配和时间安排，趟计划能够确保乘务员在有限的时间内完成更多的工作，从而提高工作效率。同时，趟计划还能够帮助乘务员间更好地协作和配合，减少不必要的沟通和协调成本。最后，趟计划对于高铁客运的长期发展也具有重要意义。随着高铁的不断发展壮大，趟计划将成为提升高铁客运服务质量和运营效率的关键手段。通过不断完善和优化趟计划，我们可以为旅客提供更加优质、高效的服务，推动高铁客运的持续发展。

二、趟计划的主要内容

在高铁乘务工作中,趟计划是一份详尽的工作指导手册,它涵盖了乘务工作的方方面面,确保每一次列车的安全、正点、高效运行。以下将详细阐述趟计划的主要内容,包括本次乘务工作中的重点工作安排、贯彻上级规章、命令、指示、通知的具体措施,以及上次乘务工作中的优缺点、改进措施和针对接车所发现的问题应采取的措施。

微课:趟计划

(一)本次乘务工作中的重点工作安排

1. 安全准备工作

安全始终是乘务工作的首要任务。在趟计划中,必须明确各项安全准备工作,包括检查列车各项安全设施是否完好,确保紧急制动系统、灭火器等设备处于良好状态。同时,乘务员需熟悉安全逃生流程和紧急情况下的应对措施,确保在紧急情况下能够迅速、有效地疏散旅客。

2. 旅客服务工作

提供优质服务是高铁乘务工作的重要一环。趟计划中应详细规划旅客服务的流程和制定标准,包括迎送旅客、解答旅客疑问、协助旅客放置行李、提供餐饮和卫生服务等。乘务员需保持热情、周到的服务态度,为旅客营造舒适、温馨的乘车环境。

3. 列车卫生与整洁

保持列车卫生和整洁是提升旅客乘车体验的关键。趟计划中应规定列车卫生清洁的频率和标准,确保车厢内整洁无异味。乘务员需定期巡视车厢,及时清理垃圾和杂物,为旅客提供干净、舒适的乘车空间。

(二)贯彻上级规章、命令、指示、通知的具体措施

1. 及时传达与学习

趟计划中应明确规定,乘务员必须及时了解和掌握上级部门发布的各项规章、命令、指示和通知。为此,乘务组应定期组织学习会议,确保每位乘务员都能准确理解并贯彻执行这些规定。

2. 严格执行与监督

乘务员在日常工作中必须严格遵守上级规章和命令。趟计划中要求乘务长或相关负责人对执行情况进行定期检查,确保各项规定得到有效落实。同时,鼓励乘务员之间相互监督,共同维护规章制度的权威性。

3. 灵活应对与反馈

在实际工作中，可能会遇到与上级规章不完全符合的特殊情况。趟计划中应强调乘务员需根据实际情况灵活应对，并及时向上级反馈遇到的问题和困难，以便不断完善规章制度。

（三）上次乘务工作中的优缺点及改进措施

1. 优点总结与保持

对于上次乘务工作中的优点，如准时发车、优质服务、安全保障等，趟计划中应给予充分肯定，并鼓励乘务员继续保持和发扬这些优点。同时，可以组织经验分享会，让表现优秀的乘务员分享他们的经验和做法。

2. 缺点分析与改进

针对上次乘务工作中出现的问题和不足，趟计划中要求进行深入分析，找出问题的根源，并提出具体的改进措施。例如，如果上次工作中出现了服务不周到的情况，可以加强服务培训，提高乘务员的服务意识和技能水平。

（四）针对接车所发现的问题应采取的措施

1. 及时检查与记录

在接车过程中，乘务员应仔细检查列车各项设施和设备是否完好，并及时记录发现的问题。趟计划中要求乘务员对发现的问题进行详细描述，并拍照或录像作为证据。

2. 分类处理与报告

根据问题的性质和严重程度，趟计划中应规定不同的处理措施。对于轻微的问题，如座椅损坏、照明故障等，可以立即联系维修人员进行处理；对于严重的问题，如安全隐患、重大设备故障等，应立即报告给相关部门并采取紧急措施。

3. 跟踪验证与反馈

趟计划中要求乘务员对处理过的问题进行跟踪验证，确保问题得到彻底解决。同时，鼓励乘务员向相关部门反馈处理结果和建议，以便不断完善列车设施和服务质量。

知识拓展

旅客列车开行方案的定义

旅客列车开行方案是在客流预测的基础上，确定旅客列车的运行区段、径路、种类及开行对数。旅客列车开行方案以市场需求为导向，以客流为确定旅客列车开

> 行方案的基本依据，同时还必须尽可能减少旅客的换乘次数与在途时间，经济合理地使用列车车底，使线路长短结合，客流分布均匀，充分发挥高速铁路的运输能力和设备的利用率。
>
> 铁路部门在组织旅客运输的生产过程中，应充分发挥列车运行图的作用，有效地利用好多种铁路技术设备，促使各部门、各工种、各项作业之间协调配合，以保证行车安全，提高运输效率。
>
> 列车运行图是车务、机务、工务、电务、车辆等部门的综合计划。所有与列车运行图有关的部门，尤其是客运部门，必须严格按照列车运行图的要求，组织好本部门的工作。列车运行图明确规定了列车占用区间的顺序，各分界点，列车到、发、通过时刻，各区间的列车运行速度，停站时间标准。
>
> 旅客列车开行方案的编制工作是编制整个列车运行图的中心环节，它要解决的是各个方向旅客列车在运行图上的整体布局。它涉及机务、车务、客运、线路、桥隧、车站等诸多方面。
>
> 确定列车的始发站、终到站的发到时间；确定列车在铁路局分界口、大城市、旅游点所在站的发到时间；解决车底运用、机车周转、列车接续、列车密度等问题是编制旅客列车开行方案的目标。

三、趟计划的编制

（一）编制趟计划的依据和要求

1. 依 据

趟计划的编制首先依据的是列车运行图，它规定了列车的运行时间、停靠站点等关键信息，是编制趟计划的基础。

旅客的出行需求、乘车习惯以及服务期望等也是编制趟计划时需要考虑的重要因素。

高铁运营的安全标准、应急处理预案等规范文件，是确保趟计划安全可行的关键依据。

根据乘务员的数量、技能和经验等实际情况，合理编制趟计划，确保人员资源的有效利用。

2. 要 求

科学性：趟计划的编制需要遵循科学的方法和原则，确保计划的合理性和有效性。

实用性：趟计划应贴近实际工作情况，具有可操作性，方便乘务员执行。

灵活性：考虑到高铁运营中可能遇到的各种突发情况，趟计划需要具备一定的灵活性，以便根据实际情况进行调整。

安全性：保障旅客和乘务员的安全是趟计划编制的首要要求，所有作业流程和规定都必须符合安全标准。

（二）编制趟计划的步骤和方法

收集资料：收集列车运行图、安全规范、旅客需求等相关资料，为编制趟计划提供基础数据。

分析需求：根据收集的资料，分析旅客的出行需求和服务期望，确定趟计划的服务目标和重点。

制定初步计划：依据列车运行图和乘务员配置，初步制定趟计划，包括作业时间、服务流程等。

征求意见：向相关部门和乘务员征求意见，对初步计划进行修订和完善。

形成最终计划：根据反馈意见，对趟计划进行最后调整，形成可执行的最终计划。

培训和演练：对乘务员进行趟计划的培训和演练，确保他们熟悉并掌握计划内容。

（三）趟计划中各项内容的确定原则

作业时间的确定：作业时间应根据列车运行图和停靠站点的时间来确定，确保乘务员有足够的时间完成各项作业。

服务流程的确定：服务流程应根据旅客需求和乘车习惯来确定，提供人性化、高效的服务。

安全措施的确定：安全措施必须符合国家和行业的安全标准，确保旅客和乘务员的安全。

人员配置的确定：人员配置应根据列车运行情况和乘务员的技能、经验来确定，确保人员资源的合理利用。

应急处理预案的确定：应急处理预案应根据可能遇到的突发情况来制定，确保在紧急情况下能够迅速、有效地应对。

知识拓展

旅客列车开行方案编制的基本原则

1. 尽量减少旅客换乘

换乘给旅客的出行带来很多不便，既增加了旅客的旅行时间，又会使部分客流转向其他交通运输方式。减少换乘是吸引旅客的重要手段。

2. 到发时间适当

客车开行时间的不同对旅客的吸引程度差异明显，合理的始发、终到时间可以适应人们生活和出行的习惯，节省旅行时间。为了适应人们生活和出行的习惯，节省旅行时间，方便工作，必须合理地确定始发、终到时间。对于短途旅客列车，发到时间应尽量满足多数人能够当日往返的出行需要。对于中、长途旅客列车尤其是一些平行于高速公路和与航空运输速度竞争不利的线路，应充分发挥铁路行车安全、全天候运行的特点，开行带卧铺的夕发朝至动车组，旅途时间以夜间为主，不影响旅客白天的工作，提高旅客的旅行效率，达到吸引客流的目的。

3. 提高列车运行速度

旅客对列车速度的要求随着时间价值的提高而普遍提高。提高列车速度、减少旅客在途时间、增加铁路在旅客运输市场的竞争力是高速客运专线建设的目的。客运专线旅客列车开行方案优化的首要原则是合理提高列车运行速度。对长、短途旅客列车的速度，应区别对待。长途客车应尽可能提高运行速度，压缩旅行时间。短途旅客列车则需考虑停靠站点数量等诸多因素后，合理提高运行速度。

4. 合理编组

高速铁路列车的编组一般在8到16辆之间，具体编组数量需综合考虑各种因素来确定，要充分考虑线路的客流特点以提高效率，合理利用线路、设备能力。

5. 合理停站

一方面，旅客列车停站越多辐射的区域也就越多，对于某些旅客的出行也更加方便。另一方面，停站多必然降低列车的运行速度，增加部分旅客的在途时间，为此也会失去部分客流。因此，中、长途旅客列车的合理停站是优化客运专线旅客列车开行方案的又一重要原则。在有两次以上的列车经过同一线路时，应适当交错停站，以达到既满足旅客出行需求又提高列车运行速度的目的。

四、趟计划的执行与监督

（一）乘务组对趟计划的执行要求

乘务组是趟计划执行的核心力量，其执行要求主要体现在以下几个方面：

严格遵守趟计划：乘务组必须严格按照趟计划的要求进行作业，不得擅自更改计划内容。对于计划中的每一项任务，乘务员都需认真执行，确保作业流程的规范性和安全性。

高效执行作业：高铁客运作业对时间要求极高，乘务组需在规定时间内高效完成各项作业任务。这要求乘务员具备高度的责任心和专业技能，能够迅速、准确地完成各项工作。

注重团队协作：趟计划的执行需要乘务组成员之间的密切配合。乘务员应树立良好的团队意识，相互协作、互相帮助，共同确保趟计划的顺利执行。

灵活应对突发情况：在趟计划执行过程中，可能会遇到各种突发情况。乘务组应具备灵活应变能力，及时调整作业计划，确保旅客和列车的安全。

（二）趟计划执行过程中的监督与检查

为确保趟计划的有效执行，必须建立完善的监督与检查机制：

通过列车上的监控系统，实时观察乘务员的作业情况，并记录关键节点的执行时间、作业质量等信息。这有助于及时发现问题并进行纠正。

相关部门应定期对乘务组的趟计划执行情况进行巡查和抽查，确保各项作业符合规范要求。同时，对发现的问题要及时进行整改，并对相关责任人进行问责。

针对趟计划执行过程中可能出现的安全风险，进行定期评估。通过识别潜在危险源，制定相应的预防措施，降低安全风险。

（三）趟计划执行情况的反馈与总结

趟计划执行完毕后，需要对执行情况进行反馈与总结，以便不断优化作业流程。

乘务组成员之间应进行自评与互评，客观分析各自在趟计划执行过程中的表现，找出存在的不足和问题。

通过问卷调查、访谈等方式，收集旅客对趟计划执行情况的反馈意见。这有助于了解旅客的需求和期望，为改进趟计划提供有益参考。

根据乘务组自评、互评以及旅客反馈，总结趟计划执行过程中的经验教训。针对存在的问题，提出具体的改进措施，并纳入下一次趟计划中。

通过不断总结经验，持续改进和优化趟计划的内容和执行方式。同时，加强对乘务员的培训和考核，提高他们的业务水平和执行能力。

五、趟计划制的优势与挑战

（一）趟计划制的优势

趟计划为乘务员提供了明确的工作指南，包括作业时间、服务流程和安全措施等，使得乘务工作更加规范化、标准化。这有助于乘务员快速准确地掌握工作要点，提高工作效率。

趟计划制将安全放在首位，通过制定严格的安全措施和应急处理预案，确保旅客和乘务员的安全。在紧急情况下，乘务员可以迅速启动应急预案，最大程度地减少损失。

趟计划关注旅客需求，通过优化服务流程和提高服务效率，为旅客提供更加舒适、便捷的乘车体验。乘务员可以根据计划提供人性化、高效的服务，满足旅客的多样化需求。

趟计划的实施需要乘务组成员之间的密切配合。通过共同执行计划，乘务员可以增进彼此之间的了解和信任，形成紧密的团队协作关系，从而提高工作效率和应对突发情况的能力。

趟计划可以根据列车运行情况和乘务员配置进行合理的资源分配。这有助于确保人员、物资等资源的充分利用，提高运营效率和成本效益。

（二）趟计划制实施过程中可能遇到的挑战

乘务员的素质和能力直接影响趟计划的执行效果。由于乘务员素质参差不齐，部分人员可能对趟计划的理解和执行存在差异，导致计划执行不到位或出现偏差。

高铁运营过程中可能遇到各种突发情况，如天气变化、设备故障等。这些突发情况可能对趟计划的执行造成干扰，需要乘务员具备灵活应变能力，及时调整计划以适应实际情况。

趟计划的实施涉及多个部门的协作与配合。若部门之间存在沟通不畅或协作不力的情况，可能导致趟计划执行受阻或效果不佳。

（三）应对策略

通过定期培训和考核，提高乘务员对趟计划的理解和执行力。培训内容可包括趟计划的内容、执行要求、安全规范等，确保乘务员能够熟练掌握并正确执行计划。

针对可能出现的突发情况，建立完善的应急响应机制。通过定期组织应急演练和培训，提高乘务员的应急处理能力，确保在紧急情况下能够迅速、有效地应对。

加强各部门之间的沟通与协作，建立有效的信息共享和协调机制。通过定期召开协调会议、建立信息共享平台等方式，促进部门之间的合作与配合，确保趟计划的顺利实施。

知识拓展

旅客列车开行方案的影响因素

1. 列车编组及定员

为了完成一定的运量必须提高服务频率，运量和服务频率是确定列车定员的依据。一般采用短编组、高密度的开行方案可大大提高服务频率。这样能更好地吸引客流。但当线路能力紧张时，只有大编组才能够达到充分利用线路能力的目的。列车编组方案应该尽可能采取灵活的编组形式，也就是说，列车编组不必固定不变，应针对客流量的增加而逐步扩大编组，并始终保持较小的列车运行间隔来实现较高的服务水平，同时也可以通过调节编组和行车密度来保证较高的载客率。

2. 列车客座利用率

列车客座利用率的含义是"用百分率表示平均每一客座公里所完成的人公里数"，它是用来反映列车利用程度的指标。我国铁路旅客列车平均客座利用率多年来保持在70%左右。客座利用率与列车运行线路、运行距离、旅行速度、开行时间、列车定员、停站次数等因素有很大关系。等级相对较低、停站次数较多的旅客列车，吸引的客流比较多，客流成分多样，其平均席位周转次数一般比高等级列车高。

3. 服务频率和运量的关系

在市场经济条件下，服务频率是吸引旅客的重要因素。服务频率可直接反映出沿线各站旅客乘坐旅客列车的次数，以及吸引客流的程度。服务频率与客流量的关系：服务频率高，运量增长，服务频率达到一定的次数后，服务频率和旅客运量的关系就不明显了。

4. 客流结构

旅客客流结构不同也影响着开行方案的制定。客流结构主要包括旅客的出行目的、经济收入、知识层次、社会地位等。在编制开行方案时必须向数量比较大的旅客类型倾斜，更多地考虑这类旅客的需求。例如，当公务出行、旅游出行所占比例较大时，开行方案应满足旅客快捷舒适的要求；当农民工等低收入阶层比例很高时，则开行方案要满足其经济性要求，多开行廉价、等级较低的列车。如果通勤客流较多，则开行方案要满足其随到随走的便捷性要求，提高列车发车频率和速度。

【任务实施】

本任务的实施要求如表 3-3-1 所示。通过此任务,学生能够更好地理解趟计划的重要性,提升职业素养和实际操作能力。

表 3-3-1　任务实施要求

项目	实施要求
任务分组	☆ 将参与任务的学生分成若干小组,每组 5～6 人,确保各成员在任务中能够充分发挥自己的专长; ☆ 每个小组应包含具有不同专业背景和技能的成员,以便在任务执行过程中能够相互补充、共同进步; ☆ 每组选出一名组长,负责协调组内成员的工作,并与教师进行沟通
实施场所	☆ 利用学校内的项目实验室或多功能教室,确保每个小组有足够的空间和资源进行任务实施; ☆ 辅助场所:图书馆、网络学习空间等,方便团队成员进行资料查阅和线上协作
场景要求	☆ 时间管理与进度控制:团队成员需制定合理的时间表,明确各阶段的任务目标和完成时间,确保项目按时推进
任务考核	☆ 对团队整体以及各成员在时间管理和项目进度把控方面的表现进行考核

【评价考核】

本任务的评价考核标准如表 3-3-2 所示。

表 3-3-2　任务评价考核标准

序号	评分项目	扣分点	备注
1	仪容仪表（10%）	未按规定着装; 标志佩戴不正确	出现以下问题判不合格: （1）小组中有两人以上缺席演练; （2）严重扰乱课堂秩序; （3）有其他触及岗位红线的行为
2	文明用语（10%）	使用不文明、不礼貌或冒犯性的语言; 沟通时语气不当,如过于生硬、冷漠或粗鲁	
3	演练纪律（20%）	演练过程中不遵守规定流程或步骤; 迟到、早退或无故缺席演练; 在演练中嬉戏打闹、不认真对待	
4	自我评价（10%）	自我评价过于夸大或不切实际; 未能准确识别自身在演练中的优点与不足; 缺乏自我反思和改进的意愿	
5	作业规范（50%）	作业内容不完整、不准确或存在错误; 未按照规定的格式或标准完成作业; 作业提交不及时或存在抄袭现象	
	合计		

【归纳总结】

完成本任务学习之后,请认真进行归纳总结,填写表 3-3-3。

表 3-3-3 任务总结

任务名称:		日期:	
专业:	班级:		姓名:
索引区域 (对本任务所学内容进行要点提炼)	笔记区域 (记录本任务中的重点、难点和中心思想,对未掌握部分进行梳理)		
总结区域 (对本任务所学内容进行归纳总结)			

【知识练兵场】

一、选择题

1. 针对接车所发现的问题应采取的措施为（　　）。
    A. 及时检查与记录
    B. 分类处理与报告
    C. 跟踪验证与反馈
    D. 以上都是
2. 趟计划实施过程中可能遇到的挑战是（　　）。
    A. 乘务员素质差异
    B. 突发情况应对
    C. 跨部门协调
    D. 以上都是

二、判断题

1. 趟计划，简而言之，就是针对每一趟动车组列车的客运作业所制定的详细计划。这个计划涵盖了列车运行的全过程，包括乘务员的配置、服务流程的规划、安全措施的落实、应急处置的预案等各个方面。（　　）
2. 在高铁乘务工作中，趟计划是一份详尽的工作指导手册，它涵盖了乘务工作的方方面面，确保每一次列车的安全、正点、高效运行。（　　）

三、填空题

1. 趟计划制的优势是＿＿＿＿＿＿、＿＿＿＿＿＿、＿＿＿＿＿＿、＿＿＿＿＿＿、＿＿＿＿＿＿。
2. 编制趟计划的步骤和方法是＿＿＿＿＿＿、＿＿＿＿＿＿、＿＿＿＿＿＿、＿＿＿＿＿＿、＿＿＿＿＿＿、＿＿＿＿＿＿。

模块四

动车组列车客运作业

　　动车组列车的客运作业是一个高度协同、精确执行的过程，它涉及列车的安全、顺畅运行以及旅客的舒适体验。在这一系列作业中，乘务组发挥着至关重要的作用。客运作业从旅客登车开始，乘务员会进行车票查验、引导旅客就座，并协助行李的妥善安置。在列车运行过程中，乘务员还会定时巡查车厢，确保旅客的安全与舒适，同时提供必要的服务和帮助。列车长则全程监控列车的运行状态，与乘务员、机械师紧密沟通，确保各项作业有序进行。机械师负责列车的技术状态，对列车进行日常维护和检查，以及紧急情况下的故障处理。在整个客运作业过程中，乘务组都需严格遵守作业规范，确保每一步操作都精确无误。他们的专业素养和服务态度，不仅保障了列车的安全运行，也为旅客营造了一个温馨、舒适的旅行环境。动车组列车的客运作业是一个团队协作的典范，每一个环节都经过精心设计和优化，以确保旅客的出行既安全又愉快。这也是铁路服务品质的直观展现，让每一位旅客都能感受到出行的便捷与温馨。

任务一　始发作业

【任务情景】

作为一名新晋列车管理人员,你即将面临动车组列车的始发作业挑战。在列车即将发车前,你需要确保所有乘务组成员明确各自职责,从列车长到乘务员,每个人都应准备就绪。你的任务是监督并协调各项始发前的准备工作,包括车厢的清洁与整备、餐饮服务的准备、安全设备的检查等。此外,你还需要确保所有乘客都已安全登车,行李妥善安置,并对特殊乘客,如老人、儿童等给予特别的关照和协助。你的目标是确保列车能够准时、安全地始发,为乘客提供一个舒适、有序的旅行环境。在这一过程中,你需要与乘务组紧密合作,共同应对各种突发状况,确保始发作业的顺利进行。

【任务目标】

学习目标:

☆ 全面了解始发作业的基本流程和关键要点。
☆ 掌握始发前各项准备工作的目的和标准。

技能目标:

☆ 能够独立完成始发前的各项准备工作,包括车厢整备、安全检查、乘客接待等。
☆ 熟练掌握与乘客的沟通技巧,提供准确、及时的乘车信息和服务。

素养目标:

☆ 培养细心、耐心的工作态度,确保始发作业准确无误。
☆ 增强服务意识和团队协作精神,为乘客营造舒适、安全的乘车环境。
☆ 提升应对突发情况的能力,确保始发作业的顺利进行。

高铁之窗

始发作业中的细心与责任——记合肥南站列车乘务员刘阳的故事

刘阳(化名)是合肥南站的一名列车乘务员,他负责始发作业的检查工作。始发作业是列车运行前的最后一道关卡,对于确保列车安全、准时发车至关重要。刘阳深知自己的责任重大,因此他对待每一项检查都格外认真。

2020年3月18日清晨,刘阳像往常一样对即将发车的列车进行始发作业检查。当他检查到某节车厢时,发现一处座位下方的灭火器存放位置不正确。他立即意识到这可能会影响到紧急情况下的安全使用,于是迅速将灭火器放置到正确位置,并向上级汇报了这一情况。

经过进一步调查,原来是由于前一晚的清洁工作导致灭火器被移动了位置。虽然这只是一个小细节,但刘阳的细心发现却避免了可能的安全隐患。车站领导对刘阳的专业和责任心表示了高度赞赏,并号召全体员工向他学习。

——合肥新闻网

案例分析:

细心负责: 刘阳在始发作业中展现出的细心和责任心是思政教育中强调的重要品质。他对待工作的认真态度,确保了列车的安全运行,也体现了对乘客生命安全的尊重。

安全意识: 刘阳在发现灭火器位置不正确后,立即意识到其潜在的安全隐患,并迅速采取措施进行纠正。这种强烈的安全意识是铁路工作人员必备的素质,也是思政教育中需要重点培养的能力。

专业素养: 刘阳的专业素养使他能够敏锐地发现并解决问题。这种专业素养不仅体现在对规章制度的熟练掌握上,更体现在实际操作中的严谨和细致。

通过刘阳的故事,我们看到了始发作业中的细心与责任的重要性。这些品质不仅关乎列车的安全运行和乘客的生命安全,更是思政教育中的核心内容。我们应该向刘阳学习,将这种细心、责任心和专业素养内化于心、外化于行,共同为铁路运输的安全和稳定贡献力量。

【知识链接】

一、始发作业概述

始发作业，是指动车组列车从始发站出发前所进行的一系列准备工作。它涵盖了从列车整备、乘务员准备到旅客上车前的各项服务准备等多个环节。始发作业是高铁客运服务中的重要一环，其质量直接关系到旅客的出行体验、列车的运行安全以及铁路部门的形象。

始发作业的重要性主要体现在以下几个方面：

（1）确保旅客安全：始发作业包括对列车的全面检查，确保列车设备设施处于良好状态，从而保障旅客在旅途中的安全。

（2）提升旅客体验：通过始发前的细致准备，乘务员可以为旅客提供更加周到、高效的服务，如提供准确的时刻信息、解答旅客疑问、协助旅客上车等，从而提升旅客的出行体验。

（3）维护铁路形象：始发作业是展示铁路部门服务水平和专业素养的重要窗口。规范、高效的始发作业能够提升铁路部门在公众心目中的形象。

二、动车组始发作业流程

（一）列车长

1. 始发前准备

微课：始发作业－出乘作业

1）报到

列车长提前 2 h 到派班室报到，摘抄命令及相关内容，听取派班员对重点工作的布置。确认当日担当乘务情况，核对乘务名单，核实当趟考勤情况。请领站车无线交互系统、GSM-R 手持终端、移动补票机和票据。在乘务日志上填写本趟重点工作要求安全预想。做到按时出乘，命令指示记录准确、无遗漏，乘务任务明确、有重点。检查通信设备、补票设备使用状态，召开出乘会，检查乘务员仪容仪表、着装、上岗证和健康证，以及备品情况，布置乘务趟计划和安全预想。趟计划主要内容如下：

（1）本次乘务工作中的重点工作安排。

（2）贯彻上级规章、命令、指示、通知的具体措施。

（3）上次乘务工作中的优缺点及改进措施。

（4）针对接车所发现的问题，应采取的措施。

结合趟计划重点内容对乘务员进行试问，针对业务学习计划进行业务抽试。做到通信补票设备状态良好，电量充足；命令传达准确，乘务任务布置清楚，值乘人员精神饱满；着装及仪容标准符合要求；对讲机佩戴位置统一。

2）接车与交接

乘务员全体佩戴制帽，统一右手拉箱，右肩背包，列车长走在乘务员的前面，列纵队进站台接车。

在站台列车中间车厢相应位置，列车长分别向餐饮、保洁人员传达命令、文件及重点工作安排，检查健康证、上岗证携带情况。

组织餐服、保洁人员，面向站台或线路方向，以列车长、餐服长、保洁组长为第一位，三队横向一字排开，乘务箱包统一放置于每人右侧以立岗迎客的标准站姿迎接列车进站。

列车进站时面带微笑行注目礼，列车停稳后，乘务员接车或与对班进行交接。列车长电台通知本务司机乘务班组到岗，请打开全列车门，组织集体登车。在餐吧车车门处与终到班组列车长进行交接。与司机、随车机械师、乘警核对对讲机频道。检查列车整备情况，组织客运、餐饮、保洁乘务员按分工区域，对服务设备、车厢卫生、书刊清洁袋摆放等进行检查并办理交接。检车内容如下：

（1）检查安全锤、灭火器。

（2）对列车出库后的卫生间洗面间、通过台、车内地面、小桌、窗台、滑道卫生进行鉴定、打分。

（3）监督检查外车皮卫生质量，发现问题及时与保洁领班联系。

（4）由列车长督促保洁人员对车内卫生进行弥补。

（5）检查保洁人员是否按规定时间出乘、持用有效健康证和上岗证、携带清洁用具、仪容着装、乘务标志佩戴是否整齐规范。

（6）检查餐服人员（含商务座服务员）按规定时间出乘、仪容着装、佩带标志、持有效证件情况。

（7）检查餐吧车商品摆放及移动售货车商品摆放。

作业要求：列队整齐，行动一致；认真负责，组织有序；按时接车；交接清楚，签字确认，检查全面，做到知位置、知数量、知状态，消除隐患；商品摆放美观、整齐、入柜放置。移动售货车商品放置平稳、美观、整齐；清洁用具、备品等隐蔽存放。

旅客上车前，列车长检查健康证、上岗证和食品卫生合格证、食品安全承诺书、餐食配送、餐桌摆台、吧台内外卫生、所售快餐和盒饭及食品的出场日期和保质期、电冰箱使用状态及安全用电情况。与车辆乘务员确认设施设备情况。做到证件定位，清洁无损；食品安全，设备良好；设备设施状态清楚，措施得当。

3）旅客登车

在规定位置与车站客运值班员办理交接，了解本次列车的客流情况。掌握重点旅客乘车信息，做好重点旅客引导工作，在规定位置迎接旅客上车。执行发车程序，与司机及时联系确认。开车铃响登车，加强瞭望，与本列乘务员（重联时，与重联列车长）确认旅客乘降完毕。铃停后，通知司机或随车机械师关闭车门（重联时，由前列车长负责），行注目礼立岗出站。做到交接清楚，掌握重点；引导有序，妥善安排，通告及时；落实发车程序，确保动车组列车安全正点。

2. 开车后

巡视车厢，检查行李摆放情况，提醒旅客将大件行李及铁器、锐器等不适宜放在行李架上的物品放在指定位置并自行看管。做好重点旅客服务工作。查验车票、解答旅客问询，检查保洁、商务座、餐吧工作人员作业质量。

（1）检查商务座、特等座、一等座旅客服务情况，巡查设备设施使用状态。

（2）检查商务座提供的服务项目、乘务员作业程序的落实情况。

（3）检查保洁人员对洗面间、卫生间、通过台卫生的恢复情况。

（4）检查餐吧工作人员落实作业程序情况，电器设备使用安全状态。

（5）了解车内旅客动态，掌握重点旅客乘坐位置。

（6）自小号车厢开始进行全面巡视，对列车安全重点部位、设备设施、消防器材进行检查。

（7）检查商务座服务、乘务员查票制度落实情况，为旅客办理补票业务，检查服务员、乘务员服务工作质量。

（8）检查各车厢卫生间、洗面间、通过台、车厢内卫生，并根据查出的卫生问题及时提示保洁人员和乘务员进行快速恢复和弥补。

（9）掌握餐饮供应情况，检查餐吧人员售卖情况。

（10）掌握车内旅客动态，处理服务过程中的各类问题。了解重点旅客服务需求，检查乘务员对重点旅客的服务是否到位。

（11）从大号车厢起，核对空余座位，组织乘务员查验车票，办理补票业务。掌握商务座、特等座、一等座车旅客乘车情况，对路内外重要旅客要及时做好汇报和信息反馈。

作业要求：行李物品摆放平稳，通道保持畅通。核对空余座位，处理违章。态度和蔼，执行规章熟练准确，减少对旅客的干扰。卫生随时清理，质量达标。了解并掌握商务座、特等座、一等座旅客需求，开展重点服务。遇有重点旅客时要首先安排重点旅客。遇有晚点时落实《晚点处置办法》。执行《客规》规定，做到票款相符。掌握重点，主动服务。

（二）客运乘务员

1. 始发前准备

微课：始发作业-始发站作业1

微课：始发作业-始发站作业2

微课：始发作业-始发站作业3

微课：始发作业-始发站作业4

1）报道

提前 2 h 到派班室报到,参加出乘任务布置会,接受列车长布置趟重点工作。参加业务学习,接受列车长业务抽考。检查对讲机、补票机、站车无线交互系统等设备性能。整理制帽、胸卡、头饰、皮鞋、制服及乘务箱、车门钥匙等。确认通信、补票设备状态良好,电量充足;对讲机佩戴位置统一。

出乘报道的具体作业标准如表 4-1-1 所示。

表 4-1-1　出乘报道作业标准

作业项目	作业内容	作业标准	作业图示
出乘报道	提前 30 min 出乘,听取车队传达重点工作,列车长领取票据和补票机和手持终端系统等,召开出乘会议,对乘务员进行仪容检查和业务抽问	按时出乘,设备状态良好,票据充足,对讲机电量充足通话正常,点名,听取车队传达文电命令,明确趟车重点工作	
清点备品	清点、请领当趟所需低耗品、备品及商品	出乘学习完毕后,在列车长的带领下到库房请领、清点低耗品、商品,整理装箱。(担当商务座车型,要对专项服务赠品及备品进行检查、清点)	
出乘接车	列队上站接车,办理备品、商品交接	1. 列车终到前按规定时间到站台中部(餐吧车位置)礼仪姿势列队,列队位置距安全白线 1.5 m,重联时,前后列分别在餐吧车相应位置列队,要求着装统一规范,标志齐全; 2. 车底进站后依次列队、整齐排列在车体一侧等候旅客下车完毕后上车; 3. 清点备品、商品是否齐全有效,与退乘班组及配送公司办理交接,并签字确认	
列队进站	1. 清理备品、商品,在列车长带领下集体列队进站接车; 2. 清点备品及赠品	1. 按照两人成行、三人成列、步伐一致的要求列队进站; 2. 携带乘务箱、包一致,均右手拖包,物品放置在乘务箱(包)内	
接收信息	开启对讲机,登录站车无线交互系统	1. 开启客运对讲机,调试频道; 2. 登录站车无线交互系统,掌握本趟车客流情况	

2）接车与交接

列车到达前 15 min 列队由列车长带领到站台接车。在列车中部车厢列队接车，与对班班组办理交接。

（1）乘务员迅速将乘务箱按规定定位，一人负责四节车厢，对安全锤、灭火器、安全乘降梯、过渡板、耳机设备设施进行检查。

（2）检查灭火器铅封、指针、有效期。

（3）检查垃圾箱、卫生间、洗面间、座席下、行李架上、大件行李处。

（4）检查车内清扫备品定型、检查坐便垫、消毒条、服务指南、清洁袋、洗手液等消耗品的配备数量和定型情况。

（5）整理头枕片、定型网袋内的杂志、服务指南、清洁袋等物品。

（6）整理、定型备品存放处物品，进行分类放置。

（7）发现问题通知列车长处理。

作业要求：准时接车，交接程序认真仔细，无遗漏，备品充足、存放整齐；设备检查做到知位置、知数量、知状态。

接车与交接的具体作业标准如表 4-1-2 所示。

表 4-1-2　接车与交接作业标准

站台接车	列队上站接车，办理备品、商品交接	1. 始发接车：开车前 1 h 到站台中部（餐吧车位置）礼仪姿势列队接车，箱包放于身体右侧，列队位置距安全白线 1.5 m；遇组中有商务座车，在相应的商务座车厢位置列队接车。 2. 中途换乘（接车）：车底到达前 15 min 到站台立岗接车。列车到达后，依次在车底一侧礼仪姿势列队，做好车门口安全宣传和帮扶，待旅客下车完毕后依次上车。 3. 在列车长安排下与退乘班组办理交接，记录相关设备、设施、用品、备品等情况，完毕后或在接到车长通知后在责任车厢位置立岗	
定位摆放	乘务包、备品按定位摆放标准进行摆放	从餐吧车上车，将乘务包定位摆放，摆放班组备品，存放票据	
全面巡视	1. 检查设施设备、消耗品定位、刊物读物等； 2. 调试广播设备	1. 检查灭火器、应急破窗锤是否齐全定位，车内客运服务设施是否作用良好； 2. 检查芳香盒粘贴位置是否正确，坐垫纸是否按规定配备，卷纸和擦手纸是否折叠三角形，服务指南等刊物、清洁袋是否按规定摆放，同时将《动车组厕所保洁作业巡视记录》挂放到位	

| 整备验收 | 验收责任车厢整备质量 | 1. 对照《动车组列车保洁作业验收考核记录表》检查、验收责任车厢出库整备质量，对不合格项目督促和协助进行整改和补强；
2. 检查发现的问题及时记录，汇报列车长 | |

3）旅客登车

乘务员在车门内迎接旅客上车。引导旅客就座，妥善安放行李，解答旅客问询，妥善安排重点旅客，发现问题及时处理。及时劝告送客人员下车，不能处理时向列车长报告。提示并帮助旅客将大件行李安放在大件行李处。向列车长报告分管车厢旅客上下情况。列车启动时，面带微笑目视前方行注目礼，向站台领导点头致意。

作业要求：言行规范，引导有序，妥善安排。发现问题，妥善处理，报告及时。按时播报，使用普通话，音量适宜。商务座、特等座、一等座乘车旅客较多时，客运乘务员在始发时要协助商务座服务员做好迎接旅客上车、引导等工作。

旅客登车后的具体作业标准如表 4-1-3 所示。

表 4-1-3　旅客登车后的作业标准

立岗迎客	在指定位置立岗，迎接旅客上车	接车长通知后及时到岗，在规定位置按标准站姿立岗，做好车门口扶老携幼及宣传服务，为旅客指引时手势标准，语言规范，保持微笑。服务语言："您好""欢迎乘车""请注意脚下"	
引导旅客	1. 做好车门口安全宣传提示； 2. 对特殊重点旅客，做好乘降帮扶和引导	1. 立岗标准，引导规范，做好车门口安全提示，协助重点旅客上、下车； 2. 对持电子客票不清楚座席的旅客，做好席位查询引导	
及时报告	高铁快运装载汇报，特殊重点旅客乘车及突发情况汇报	1. 掌握高铁快运的装车件数、到站、外包装、施封、码放等情况，确认无误后向列车长汇报； 2. 遇特殊重点旅客乘车时及时报告，做好现场安排、服务工作； 3. 遇其他突发情况时及时报告列车长，做好现场处置	
乘降汇报	开车前乘务员向列车长汇报车厢旅客乘降情况	1. 铃响前，查看责任车厢旅客乘降情况，检查立岗车门口滑槽等部位有无异物，主动做好开车前宣传； 2. 根据列车长通知，进行旅客乘降汇报，汇报乘降时，由小号至大号依次汇报，列车乘务员在车门口手扶门把手，用语规范，落实"蜂鸣不止，瞭望不断"乘降组织确认规定，提示站台上及车门口旅客及时上车，发现异常及时处理； 3. 在车门口立岗行注目礼至列车出站	

落实作业	1. 落实专项服务； 2. 做好对责任车厢的巡视及安全宣传	1. 列车出站后 5 min 内完成对商务座旅客的专项服务； 2. 快速巡视责任车厢，调整行李架，针对性地做好安全宣传； 3. 做好对责任车厢的禁烟宣传； 4. 对特等座、一等座旅客进行送水服务	

2. 开车后

（1）列车出站检查车门关闭状态，按分工巡视车厢。

（2）广播致欢迎词，介绍列车设备设施、服务及沿途简况。

（3）检查行李摆放情况，提醒并协助旅客将大件行李及铁器、锐器等不适宜放在行李架上的物品放在大件行李存放处。

（4）安排重点旅客。做到行李摆放平稳，通道保持畅通，主动引导。重点旅客做到"三知、三有"。

（5）根据列车长提供的售票信息，对分管车厢从小号车厢起，核对空余座位，发现乘车条件不符的人员，通知列车长处理。做到核对空余座位仔细，执行规章熟练准确，减少对旅客的干扰。

（6）对车内卫生情况随时进行清理。及时检查卫生间及洗面间的洁净程度、消耗品的实用情况，保证列车卫生质量和消耗品的使用。为重点旅客提供服务。做到随时清理，督促保洁员进行卫生作业，保持全程卫生质量。

三、相关规范、规程与标准

动车组列车始发服务质量规范如下。

（一）安全秩序

（1）防火防爆、人身安全、食品安全、现金票据、结合部等安全管理制度健全有效。

（2）出、入动车所前，由车辆、客运人员对上部服务设施状态进行检查，办理一次性交接。

（3）各车厢灭火器、紧急制动阀（手柄或按钮）、烟雾报警器、应急照明灯、防火隔断门、紧急门锁、紧急破窗锤、气密窗、厕所紧急呼叫按钮及车门防护网（带）、应急梯、紧急用渡板、应急灯（手电筒）、扩音器等安全设施设备配置齐全，作用良好，定位放置。乘务员知位置、知性能、会使用。

（4）安全使用电源，正确使用电器设备，充电元件安装牢固，接线及插座无松动，按钮开关、指示灯作用良好；不乱接电源和增加电器设备，不超过允许负载。配电室（箱）、电气控制柜锁闭，无堆放物品。不用水冲刷车内地板、连接处和车内电器设备。安全标志设置齐全、规范，符合标准。

（5）乘务员进出车站和动车所（客技站）时走指定通道，通过线路时走天桥、人行地道，走平交道时做到"一停二看三通过"，不横越线路，不钻车底，不跨越车钩，不与运行中的机车车辆抢行。进出车站时集体列队。

（6）乘务员在接班前充分休息，保持精力充沛，不在班前、班中、折返站饮酒。

（二）设备设施

（1）车辆设备设施齐全，符合动车组出所质量标准。

（2）乘务员室、监控室、多功能室、洗脸间、厕所、电气控制柜、备品柜、储藏柜、清洁柜、衣帽柜、大件行李存放处等设备设施齐全。软卧会客室等不挪作他用或改变用途。多功能室用于照顾重点旅客。

（3）车辆外观整洁，内外部油漆无剥落、褪色、流坠；车内顶棚不漏水，内外墙板及车内地板无破损、无塌陷、不鼓泡；渡板及各部位金属部件无锈蚀。

（4）广播、空调、电茶炉、饮水机、照明灯具、电子显示屏、电视机、车载视频监控终端、控制面板、电源插座、车门、端门、儿童票标高线、地板、车窗、翻板、站台补偿器、窗帘、座椅、脚蹬、小桌板、靠背网兜、茶桌、座席号牌、衣帽钩、行李架、垃圾箱、洗手盆、水龙头、梳妆台、面镜、便器、洗手液盒、一次性坐便垫盒、卫生纸盒、擦手纸盒、婴儿护理台、镜框、洗脸间门帘、干手器，商务座车小吧台、呼唤应答器、阅读灯，软卧车铺位号牌、包房号牌、卧铺栏杆、扶手、呼叫按钮、沙发、报刊栏，餐车侧门、餐桌、吧台、冰箱、展示柜、微波炉、电烤箱、售货车等服务设备设施齐全且作用良好、外观整洁，若有故障、破损应及时修复。

（5）车厢通过台外端门框旁设儿童票标高线。儿童票标高线宽 10 mm、长 100 mm，距地板面分别为 1.2 m 和 1.5 m，以上缘为限，限内端门框约 100 mm。

（6）车内各种服务图形标志型号一致，位置统一，安装牢固，齐全醒目，符合规定。

（三）服务备品

（1）服务备品、材料等符合国家环保规定，质量符合要求，色调与车内环境相协调。

（2）服务备品齐全，干净整洁，定位摆放。布制、易耗备品备用充足，保证使用。布制备品按规定的时间使用和换洗，有启用时间（年、月）标志。

① 软卧车（含高级软卧车）。

包房内有被套、被芯、枕套、枕芯、床单、垫毯、卧铺套、靠背套、茶几布、一次性拖鞋、衣架、不锈钢果皮盘、带盖垃圾桶、热水瓶、积水盘、面巾纸盒及服务指南、免费读物。备有托盘、热水瓶和一次性硬质塑料水杯。

② 软卧代座车。

包房内有卧铺套、靠背套、不锈钢果皮盘。包房门框上原铺位号牌处有座席号牌。备有热水瓶和一次性硬质塑料水杯。

③ 商务座车。

提供小毛巾，就餐时提供餐巾纸、牙签。有耳塞、靠垫、鞋套、一次性拖鞋、清洁袋和专项服务项目单、服务指南、免费读物。备有防寒毯、耳机、眼罩、托盘、热水瓶和一次性硬质塑料水杯。

④ 特、一、二等座车。

有清洁袋、免费读物和服务指南，放置在座椅靠背袋内或其他指定位置。有座椅套、头枕片；特、一等座车座椅有头枕。电茶炉配有纸杯架的，有一次性纸杯。乘务组备有热水瓶、耳塞和一次性硬质塑料水杯。

⑤ 洗脸间有洗手液、擦手纸（或干手器）。

⑥ 厕所内有芳香盒和水溶性好的卫生纸、擦手纸，坐便器有一次性坐便垫圈，小便池内放置芳香球。

（3）贴身卧具（被套、床单、枕套）和头枕片干燥、清洁、平整，无污渍、无破损，已使用与未使用的折叠整齐，分别装袋保管。卧具袋防水、耐磨、干净、无破损。贴身卧具与其他布制备品分类洗涤；洗涤、存储、装运及更换不落地、无污染。

（4）卧车垫毯、被芯、枕芯等非贴身卧具备品干燥、清洁，无污渍、无破损，定期晾晒。被芯、枕芯先加装包裹套，再使用被套、枕套。包裹套定期清洗，保持干燥整洁。

（5）布制备用品定位存放在储物（藏）柜内。无储物（藏）柜或储物（藏）柜容量不足的，软卧车定位放置在3、7、11号卧铺下。

（6）有厕所专用清扫工具，与车内清扫工具分开定位存放在清洁柜内；无清洁柜的定位隐蔽存放。商务座、特等座、一等座车厢不存放清洁工具。清扫工具、清洁剂材质符合规定。

（7）清洁袋质地、规格符合规定，具有防水、承重性能。

（8）每标准组车底配备2辆垃圾小推车，垃圾小推车、垃圾箱（桶）内使用垃圾袋，垃圾袋符合国家标准，印有使用单位标志，与垃圾箱（桶）规格匹配，厚度不小于0.025 mm。

（9）列车配有票剪、补票机、站车客运信息无线交互系统手持终端和GSM-R通信设备；乘务员配置手持电台。设备电量充足，作用良好。站车客运信息无线交互系统手持终端在始发前登录。

（四）出库标准

（1）车厢内外各部位整洁，窗明几净，四壁无尘，物见本色。

① 外车皮、站台补偿器内外、窗门框及玻璃、扶手干净，无污渍。

②天花板（顶棚）、壁板、边角、地板、连接处、灯罩、座椅（铺位）、空调口、通风口、电茶炉、靠背带网兜内等部位清洁卫生，无尘无垢无杂物。

③热水瓶、果皮盘、垃圾箱（桶）、洗脸间内外干净。

④餐车橱、柜、箱干净无异味，分类标志清晰，商品、餐饮品和备品等分类定位放置。

⑤厕所无积便、积垢、异味，地面干净无杂物。污物箱内污物排尽。

（2）深度保洁结合检修计划安排在白天作业，范围包括车厢天花板、板壁、遮阳板（窗帘）、灯罩、连接处、车梯、商务座椅表面、座椅（铺位缝隙）、座椅扶手及旋转器卡槽、小桌板脚踏板、暖气罩缝隙、洗手液盒、车厢边角，以及电茶炉、饮水机内部。

（3）布制品、消耗品和保洁工具等服务备品配备齐全，定位放置，定型统一。

①卧具叠放整齐，摆放统一，床单、头枕片、座席套、茶几布等铺设平整，干净整洁。

②清洁袋、洗手液、卫生纸、擦手纸、一次性坐便垫圈、服务指南、免费读物、商务座专项服务等备品补齐配齐，定位放置。服务指南中含有旅行须知、乘车安全须知、本车型的设备设施介绍、主要停靠站公交信息、客运服务质量标准摘要及本趟列车销售的商品价目表、菜单。

③垃圾小推车等保洁工具及售货车等备品定位放置，不影响旅客的使用空间。

（4）可旋转式座椅转向列车运行方向。

（5）定期进行"消、杀、灭"，蚊、蝇、蟑螂等病媒昆虫指数及鼠密度符合国家标准。

（五）文明服务

1. 仪容整洁，着装统一，整齐规范

（1）头发干净整齐、颜色自然，不理奇异发型、不剃光头。男性两侧鬓角不得超过耳垂底部，后部不长于衬衣领，不遮盖眉毛、耳朵，不烫发，不留胡须；女性发不过肩，刘海长不遮眉，短发不短于两寸。

（2）面部、双手保持清洁，身体外露部分无文身。指甲修剪整齐，长度不超过指尖2 mm，不染彩色指甲。

（3）女性淡妆上岗，唇线与口红的颜色一致；眉毛修剪整齐，眉笔和眼线为黑色或深棕色；眼影的颜色与制服一致；使用清香、淡雅型香水。工作中保持妆容美观、端庄大方。补妆及时，在洗手间或乘务间进行，不浓妆艳抹。

（4）换装统一，衣扣拉链整齐。着裙装时，丝袜统一，无破损。系领带时，衬衣束在裙子或裤子内。外露的皮带为黑色。佩戴的外露饰物款式简洁，限手表一只、戒指一枚，女性还可佩戴发夹、头箍或头花及一副直径不超过 3 mm 的耳钉。不歪戴帽子，不挽袖子和卷裤脚，不敞胸露怀，不赤足穿鞋，不穿尖头鞋、拖鞋、露趾鞋，鞋跟高度不

超过 3.5 cm，跟径不小于 3.5 cm。

（5）佩戴职务标志，胸章牌（长方形职务标志）戴于左胸口袋上方正中，下边沿距口袋 1 cm 处（无口袋的戴于相应位置），包含单位、姓名、职务、工号等内容。菱形臂章佩戴在上衣左右袖章下四指处。按规定应佩戴制帽的工作人员，在执行职务时戴上制帽，帽徽在制帽折沿上方正中。除列车长外，其他客运乘务员在车厢内作业时可不戴制帽。

2. 立岗姿势规范，精神饱满

站立时，挺胸收腹，两肩平衡，身体自然挺直，双臂自然下垂，手指并拢贴于裤线上，脚跟靠拢，脚尖略向外张呈"V"字形。女性可双手四指并拢，交叉相握，右手叠放在左手之上，自然垂于腹前；左脚靠在右脚内侧，夹角为 45°，呈"丁"字形。

知识拓展

列车补票移动支付

当前互联网+大数据广泛普及应用，网民对使用微信、支付宝内数字现金购票的愿望越来越强烈，列车上经常发生旅客无现金购票，希望微信、支付宝购票的情况。

一、列车补票微信支付

列车补票微信支付简单的来说就跟我们平时微信转账一样，需要有一个零钱包，铁路也需要一个单独的零钱包和账号。每次出乘时，到收入科进行登陆账号、添加班组、绑定补票机、绑定个人微信号（绑定个人微信号是用来接收收款成功的通知）等简单操作后，就可以在列车上补票时为旅客提供微信扫码支付了。

1. 出乘流程

选择"班组管理"添加车队以及班组信息，找到对应的班组后点击出乘，也可以点击查询快速找到。点击出乘后会弹出添加补票机的窗口，确认补票机信息无误后点击确认（默认选择各班组上一次使用的补票机），点击确认后弹出绑定二维码，补票员打开微信扫一扫完成与补票机的绑定后，微信上确认登录成功。

2. 途中补票作业

向乘客出示二维码，输入补票金额，支付成功后回到出票界面，即可出票。

3. 退乘流程

找到需要退乘的班组信息，点击退乘。点击退乘后，弹出确认解绑补票机页面，确认无误后点击确定。确认补票机后会弹出补票详情，确认信息无误首先打印结账交接单。完成结账交接单签字后，点击转账。转账完成后打印转账凭证。完成转账凭证签字后，完成退乘。

二、列车补票支付宝支付

出票之前选择支付宝支付方式，进入显示支付宝支付二维码界面，确认旅客支付成功后，根据界面提示，按相应的按键进行支付成功确认，确认成功以后，返回到出票界面，即可出票。

【任务实施】

本任务的实施要求如表 4-1-4 所示。通过此任务，学生能够更好地理解始发作业的重要性，提升职业素养和实际操作能力。

表 4-1-4　任务实施要求

项目	实施要求
任务分组	☆ 每8～9人为一小组； ☆ 组长1名，负责统筹协调小组工作，确保各项任务按时按质完成； ☆ 安全检查员3名，负责检查列车设备设施的安全性，确保列车始发前符合安全标准； ☆ 乘务员3名，负责乘客的引导、服务工作，并协助处理突发情况； ☆ 通讯员2，负责与列车长、车站等相关人员进行沟通，及时传递信息
实施场所	☆ 模拟车厢、模拟站台等
场景要求	☆ 乘客登车：模拟乘客按照车票信息找到自己的座位，乘务员协助乘客安排行李； ☆ 安全宣传与教育：乘务员在车厢内进行安全宣传，播放安全视频，并演示安全设备的使用方法； ☆ 始发前的最后检查：安全检查员在站台上对列车进行最后的安全检查，包括车门、车窗是否关闭锁好等； ☆ 应急处理：模拟乘客突发状况或设备故障等紧急情况，考察乘务员的应急处理能力
任务考核	☆ 模拟紧急情况，考察乘务员的反应速度和处理能力

【评价考核】

本任务的评价考核标准如表 4-1-5 所示。

表 4-1-5　任务评价考核标准

序号	评分项目	扣分点	备注
1	仪容仪表（10%）	未按规定着装； 标志佩戴不正确	出现以下问题判不合格： （1）小组中有两人以上缺席演练； （2）严重扰乱课堂秩序； （3）有其他触及岗位红线的行为
2	文明用语（10%）	使用不文明、不礼貌或冒犯性的语言； 沟通时语气不当，如过于生硬、冷漠或粗鲁	
3	演练纪律（20%）	演练过程中不遵守规定流程或步骤； 迟到、早退或无故缺席演练； 在演练中嬉戏打闹、不认真对待	
4	自我评价（10%）	自我评价过于夸大或不切实际； 未能准确识别自身在演练中的优点与不足； 缺乏自我反思和改进的意愿	
5	作业规范（50%）	作业内容不完整、不准确或存在错误； 未按照规定的格式或标准完成作业； 作业提交不及时或存在抄袭现象	
	合计		

【归纳总结】

完成本任务学习之后，请认真进行归纳总结，填写表 4-1-6。

表 4-1-6　任务总结

任务名称：		日期：	
专业：	班级：		姓名：
索引区域 （对本任务所学内容进行要点提炼）		笔记区域 （记录本任务中的重点、难点和中心思想，对未掌握部分进行梳理）	
总结区域 （对本任务所学内容进行归纳总结）			

模块四 动车组列车客运作业

【知识练兵场】

一、选择题

1. 旅客携带品（　　）不超过 200 cm。
   A. 长度
   B. 杆状物品
   C. 体积
   D. 外部尺寸

2. 《铁路旅客运输服务质量规范》中，重点旅客（　　）、优先进站、优先检票上车。
   A. 插队购票
   B. 排队购票
   C. 优先购票
   D. 优先进站补票

3. 《管规》规定，铁路客运人员在工作中，应穿着规定的统一服装，仪容整洁，精神饱满，佩戴规定的（　　）。
   A. 胸章
   B. 臂章
   C. 标志
   D. 胸卡

4. 《管规》规定，旅客列车发生三人以上食物中毒时，列车长应及时通知（　　），并做好现场保护工作。
   A. 前方停车站或所在站防疫部门
   B. 路局有关部门
   C. 上级领导
   D. 防疫站

5. 车站对列车上交下的无人护送的精神病旅客，由车站客运、公安共同负责妥善处理。如需继续乘车无直通车时，送至第一个（　　），由换车站继续转送。
   A. 列车
   B. 换车站
   C. 到站
   D. 所乘列车

二、判断题

1. 旅客对列车速度的要求随着时间价值的提高而普遍提高。为了提高列车速度、减少旅客在途时间，增加铁路在旅客运输市场的竞争力是高速客运专线建设的目的。客运专线旅客列车开行方案优化的首要原则不是列车旅行速度。（　　）

137

2. 中、长途旅客列车的合理停站不是优化客运专线旅客列车开行方案的重要原则。（　）

3. 高速铁路列车的编组一般为 8～16 辆，具体编组数量须综合考虑各种因素来确定，要充分考虑线路的客流特点以提高效率。（　）

4. 乘务员应以微笑面对每一位乘客，主动问候并提供帮助。对于乘客的咨询，乘务员应耐心解答，提供准确的信息。（　）

5. 除了视频播放和口头宣讲外，乘务员还会实际演示安全设备的使用方法。例如，他们会向乘客展示如何正确使用灭火器、安全锤等紧急设备，并解释在紧急情况下应如何迅速找到并使用这些设备。（　）

三、填空题

1. 通过定期培训和考核，提高乘务员对趟计划的理解和执行力。培训内容可包括_____、_____、_____等，确保乘务员能够熟练掌握并正确执行计划。

2. 客运专线旅客列车开行方案优化的首要原则是_____。

3. 在与列车长的沟通与协作中，乘务员还应注重_____。乘务员之间要保持密切联系，及时传递重要信息，共同应对各种挑战。

4. 始发作业包括_____，确保列车设备设施处于良好状态，从而保障旅客在旅途中的安全。

任务二　途中作业

【任务情景】

现在，你正身处 CRH1 型动车组中，作为动车组技术人员，正在进行车内设备设施的检查工作。车厢内光线柔和，空调温度适宜，一切都显得井然有序。你需要沿着车厢逐一检查每个座椅，确认它们的调节功能是否正常，扶手是否稳固。随后，抬头检查照明系统，确保每个灯具都能正常工作，提供足够的亮度。接下来，你将仔细感受空调系统的出风口温度和风力，确保其能为乘客提供舒适的乘车环境。之后，你需要前往卫生间，检查各项设施是否完好，水龙头、便器等设施是否能正常使用。同时，你需要特别留意车内的安全设备，如灭火器和安全锤，不仅要检查它们是否齐全，还要确认它们的位置是否明显，以便乘客在紧急情况下能够快速取用。这项途中作业要求你时刻保持细心和专注，只有这样，才能确保动车组的安全与舒适，为乘客提供优质的出行体验。

【任务目标】

学习目标：

☆ 深入了解途中作业的主要内容和要求。
☆ 掌握列车运行途中各项服务流程和标准。

技能目标：

☆ 能够按照标准流程进行途中服务，包括巡视车厢、解答乘客疑问、提供餐饮服务等。
☆ 熟练掌握处理途中突发情况的方法和技巧，确保乘客安全和列车正常运行。

素养目标：

☆ 培养良好的服务意识和职业精神，关注乘客需求，提供贴心服务。
☆ 增强责任心和应变能力，面对问题能够迅速做出判断和处理。
☆ 提升团队合作精神，与同事协同配合，确保列车服务的高效与顺畅。

高铁之窗

途中作业中的坚守与奉献——记 XX 次列车乘务员李晓明的非电子冒险

李晓明（化名）是××次长途列车的列车乘务员，负责途中的服务和安全工作。途中作业对于列车乘务员而言，既是对体力和精神的双重考验，也是展现其职业精神和责任心的重要时刻。

一次，列车在行驶途中突然遭遇了极端天气，导致车载电子设备出现故障，无法正常使用。面对这一突发状况，李晓明没有慌乱，而是迅速启动了非电子冒险的应急预案。他带领同事们，利用手中的纸笔，为乘客提供手工登记服务，确保每一位乘客的需求都能得到满足。

同时，他还利用列车上的广播系统，不断重复播报安全提示和注意事项，确保乘客在列车行驶过程中能够保持安全和舒适。在长达十几个小时的旅途中，李晓明始终坚守在岗位上，没有休息片刻，用他的责任心和奉献精神为乘客提供了周到的服务。

当列车终于抵达终点站时，乘客们纷纷向李晓明和他的同事们表示感谢。他们不仅保障了乘客的安全，更让乘客在途中感受到了温暖和关怀。

——××铁路新闻网

案例分析：

责任心：在电子设备失效的情况下，李晓明没有选择放弃或逃避，而是勇敢地承担起了责任，利用非电子方式确保服务不中断。这体现了强烈的责任心，是思政教育中的重要内容。

奉献精神：在长时间的途中作业中，李晓明始终坚守岗位，为乘客提供周到服务，展现了无私奉献的精神。这种精神是社会主义核心价值观的生动体现，值得我们学习和传承。

应变能力：面对突发状况，李晓明能够迅速启动应急预案，带领同事们有效应对，展现了出色的应变能力。这种能力不仅关乎个人职业发展，更是对社会主义核心价值观中"敬业"的践行。

通过李晓明的故事，我们看到了途中作业中的坚守与奉献的重要性。这些品质不仅关乎乘客的出行体验和列车运行的安全，更是思政教育中的核心内容。我们应该向李晓明学习，将这种责任心、奉献精神和应变能力内化于心、外化于行，共同为铁路运输事业贡献力量。

【知识链接】

一、途中作业概述

在动车组客运服务中，途中作业至关重要，它是保障列车安全运行、提升乘客出行体验的关键环节。途中作业涵盖了安全保障、乘客服务、设备检查与维护等多方面内容。安全保障上，乘务员需实时监控列车运行状态，像留意车速、轨道情况、信号显示等，还要定时检查灭火器、应急照明、逃生门等安全设施，同时维护车厢秩序，防止危险行为和保障治安，这些措施能有效应对可能出现的紧急情况，保障乘客生命安全。在乘客服务中，乘务员通过电子显示屏、广播和口头通知为乘客准确提供列车运行信息，合理调节车厢温度、湿度、通风和照明，保持环境舒适，按标准提供餐饮商品服务，并对特殊乘客给予特别关怀，这一系列服务能极大地提高乘客的满意度。对于设备检查与维护，乘务员定期巡查座椅、行李架、车门、供水供电系统等设备，及时处理突发故障，保障设备正常运行，避免给乘客带来不便。

二、动车组途中乘务作业

（一）列车长

1. 运行中

检查途中保洁作业情况，督促保洁人员在规定时间内完成作业内容，督促保洁人员随时对车内的卫生和垃圾进行清理。随时检查卫生间及洗面间的卫生情况，保证列车卫生质量达标，并根据查出的卫生问题及时提示保洁人员和乘务员进行快速恢复和弥补。督促保洁人员随时对卫生间、洗面间、通过台、车厢内卫生进行整理。做到卫生质量达标，巡视有记录，保持全程卫生质量。

检查和掌握餐饮供应情况。核对售货品种和价目表，检查食品包装、生产日期等信息。检查餐吧服务人员工作标准、服务规范、着装、用语、售卖、唱收唱付，了解旅客对饮食供应的满意程度。检查餐吧工作人员落实作业程序、电器设备使用安全状态。供餐时间检查餐吧车卫生清理和保持情况。巡视和检查商务座、特等座、一等座旅客服务落实情况，掌握商务座、特等座、一等座旅客动态情况。做到落实每趟乘务检查制度，把住食品卫生关，做好旅客的食品供应工作和卫生保持工作。

列车长每 1 h 巡视车厢一次，掌握车内旅客动态，处理服务过程中的各类问题，为重点旅客提供相应服务。做到耐心解答旅客问询，处理旅客事宜灵活机动，解释到位。汇报内容准确。

2. 中途停车

提前 5 min 通知通过站名，提醒下车旅客。列车停车时及时观察各车厢旅客下车情况，遇有车门故障时，及时组织旅客从其他门下车。与车站办理交接。观察旅客乘降情况,及时通告列车关门。做到通知语言规范、音调适宜(可指定人员广播)。宣传到位,防止旅客越站。通告及时,用语规范。交接清楚,掌握重点,重要事项有签字。

(二)客运乘务员

1. 运行中

巡视车厢,随时解答旅客问询,向旅客介绍设备设施的使用方法,适时对旅客进行安全提示、禁烟宣传。用餐时间协助餐服人员做好供应工作。遇有旅客点餐时要及时通知餐车服务人员。做到使用规范用语,姿势举止得体,耐心解答旅客问询。妥善处理,汇报准确及时。对旅客送餐需求信息要及时反馈、积极配合。

2. 中途停车

提前 5 min 通告站名,提醒下车旅客。协助重点旅客做好下车准备。列车停车时按照始发立岗位置立岗,及时观察旅客乘降情况,遇有车门故障时,及时通知车长并组织旅客从其他车门下车。观察旅客乘降情况,及时通知列车长。做到通知语言规范、音调适宜。对重点旅客需求做到心中有数。宣传到位,防止旅客越站。通告及时,用语规范。

微课:途中作业-巡视车厢　　微课:途中作业-业务处理　　微课:途中作业-车内服务、广播提醒　　微课:途中作业-备品补充

客运乘务员途中作业标准如表 4-2-1 所示。

表 4-2-1　客运乘务员途中作业标准

作业项目	作业步骤	作业标准	作业图示
巡视车厢	1. 巡视责任车厢,开展安全宣传,检查督促整备作业,检查设施设备使用情况,访问重点旅客,落实首问首诉负责制; 2. 对车内行李架、衣帽钩、头枕片、小桌板等进行整理	1. 开展车内巡视,做好安全提示、宣传和防范,对重点旅客有针对性地进行安全宣传;发现吸烟行为及时劝阻,通知列车长及时处置; 2. 检查车内用水、厕所卫生情况;督促保洁进行客室整理、卫生清洁、补充清洁袋,按《动车组厕所保洁作业巡视记录》要求落实评分、签认; 3. 检查安全用电情况,正确使用电器设备; 4. 检查旅客携带行李物品存放情况,行李架、大件行李存放处物品摆放平稳,不堵塞通道,并主动予以帮助; 5. 提醒旅客衣帽钩限挂衣帽、服饰等轻质物品,使用小桌板不超过承重范围;	

		6.整理车容，恢复小桌板、扶手、窗帘等初始状态； 7.提醒靠车门旅客勿倚靠车门	
业务处理	开展乘务登记、车票实名制验证	开展实名制验证工作，做到"四必检"；须使用配发的"一体机"或"蓝牙机"查验旅客乘车信息	
车内服务	1.访问重点旅客； 2.落实首问首诉负责制； 3.关注旅客动态； 4.按规定开展专项服务	1.访问重点旅客，做到"三知三有"即知座席，知到站，知困难，有登记，有服务，有交接； 2.落实首问首诉负责制，及时处理旅客咨询、求助、投诉； 3.做好专项服务及重点服务，做好车厢茶水、爱心毯等基础服务，做到"有需求、有服务，无需求、无干扰"	

三、相关规范、规程和标准

（一）安全秩序

（1）运行途中，发现上部服务设施故障时，客运乘务员立即向列车长报告，并通知随车机械师共同确认、处理。

（2）列车到站停稳后，司机或随车机械师开启车门，并监控车门开启状态。开车前，列车长（重联时为运行方向前组列车长）确认站方开车铃声结束，旅客乘降、高铁快件和餐车物品装卸完毕后，通知司机或随车机械师关闭车门。

（3）CRH5型动车组列车停靠低站台时，到站前乘务员提前锁闭辅助板指示锁并打开翻板，开车后及时将翻板及辅助板指示锁复位。

（4）列车运行中，车门、气密窗锁闭状态良好。定期巡视，保持通道顺畅。发现车门未锁闭或锁闭状态不良时，指派专人看守，并及时通知随车机械师处理。

（5）采用广播、视频、图形标志、服务指南等方式，宣传安全常识和车辆设备设施的使用方法，提示旅客遵守安全乘车规定。

（6）运行中做好安全宣传和防范，车内秩序、环境良好，无闲杂人员等随车叫卖、拣拾、讨要。发现可能损坏车辆设施和影响安全、文明的行为及时制止。

（7）全列各处所禁止吸烟，加强禁烟宣传，发现吸烟行为及时劝阻，并由公安机关依法查处。

（8）行李架、大件行李寄放处物品摆放平稳、牢固、整齐。大件行李放在大件行李存放处、不占用席（铺）位、不堵塞通道。锐器、易碎品、杆状物品及重物等放在座（铺）位下面或大件行李存放处。衣帽勾限挂衣帽、服饰等轻质物品。使用小桌板不超过承重范围。

（9）发现旅客携带品可疑物品及无人认领的物品时，配备乘警的列车通知乘警到场处理，未配备乘警的列车由列车长处理，对危险品做好登记、保管及现场处置，并交前方停车站（公安部门）处理。

（10）发现行为、神情异常的旅客时，重点关注，配备乘警的列车通知乘警到场处理，未配备乘警的列车由列车长处理，情况严重时交列车运行前方停车站处理。

（11）发生旅客伤病时，提供协助，通过广播寻求医护人员的帮助，情形严重的，报告客调。

（二）设备设施

（1）车厢外部的电子显示屏显示列车运行区间、车次、车厢序号等信息，车内电子显示屏显示列车运行区间、车次、车厢序号、停站、运行速度、温度、中国铁路客户服务中心客户服务电话（区号+电话号码）、安全提示等信息，显示及时、准确。

（2）站车客运信息无线交互系统手持终端途中及时更新信息。

（三）途中标准

（1）使用垃圾小推车和专用工具适时保洁，保持整洁卫生。旅客下车后及时恢复车容。

① 各处所地面墩扫及时，干燥、干净；台面、桌面、面镜擦抹及时，干净、无水渍。

② 洗脸（手）池、电茶炉沥水盘清理及时、无污渍、无残渣、无堵塞、无积水，垃圾车、垃圾箱（桶）、清洁袋、靠背袋网兜、果皮清理及时，无残渣；厕所畅通无污物，无异味，按规定吸污。

③ 餐车餐台、吧台、工作台、微波炉及各橱、箱、柜内保持洁净。

（2）清洁袋、洗手液、卫生纸、擦手纸、一次性坐便垫圈等备品补充及时，卧具污染更换及时。

（3）垃圾装袋、封口、无渗漏，定位放置，在指定站定点投放，不向车外扫倒垃圾、抛扔杂物。

（四）文明服务

（1）表情自然，态度和蔼，用语文明，举止得体，庄重大方。

① 使用普通话，表达准确，口齿清晰。服务语言表达规范、准确，使用"请、您好、谢谢、对不起、再见"等服务用语。对旅客称呼恰当，统称为"旅客们、各位旅客、旅客朋友"，单独称为"先生、女士、小朋友、同志"。

② 旅客问询时，面向旅客站立（工作人员办理业务时除外），目视旅客，有问必答，回答准确，解释耐心。遇有失误时，向旅客表示歉意。对旅客的配合与支持，表示感谢。

③ 坐立、行走姿态端正，步伐适中，轻重适宜。在旅客多的地方，先示意后通行；

与旅客走对面时，要主动侧身面向旅客让行，不与旅客抢行。

④ 列车进出站时，在车门口立岗，面向站台致注目礼，从列车进入站台开始，开出站台为止。办理交接时行举手礼，右手五指并拢平展，向内上方举手至帽檐右侧边沿，小臂形成45°角。

⑤ 清理卫生时，清扫工具不触碰旅客及携带物品。挪动旅客物品时，征得旅客同意。需要踩踏座席、铺位时，穿戴鞋套或使用垫布。占用洗脸间洗漱时，礼让旅客。清洁厕所时，作业人员戴保洁专用手套。

⑥ 夜间作业、行走、交谈、开关门要轻。进包房先敲门，离开时应倒退出包房。

⑦ 不高声喧哗、嬉戏打闹、勾肩搭背，不在旅客面前吃食物、吸烟、剔牙齿和出现其他不文明、不礼貌的动作，不对旅客评头论足，接班前和工作中不食用异味食品。

⑧ 客运乘务员进出车厢时，面向旅客鞠躬致谢。

（2）温度适宜，环境舒适。

① 通风系统作用良好，车内空气清新，质量符合国家标准。始发前对车厢进行预冷、预热，车内温度保持冬季 18 ~ 20 ℃，夏季 26 ~ 28 ℃。

② 车内照明符合规定。夜间运行（22:00 — 7:00）时，座车关闭半夜灯；始发、终到站和客流量大的停站，以及列车途经地区与北京时间存在时差时自行调整。

（3）广播视频。

① 广播常播内容录音化。使用普通话。经停少数民族自治地区车站的列车可根据需要增加使用当地通用民族语言的播音。过港列车可增加粤语播音。直通列车可增加英语播报客运作业信息。

② 广播语音清晰，音量适宜，用语准确，不干扰旅客正常休息。自动广播系统播报正确。

③ 视频系统性能良好，使用正常，始发前开启系统播放节目，播放内容符合规定并定期更新。

④ 广播、视频内容以方便旅行生活为主，介绍宣传安全常识和车辆设备设施的使用方法，提示旅客遵守安全乘车规定，播报前方停站、到站信息等内容，适当插播文艺娱乐、文明礼仪、沿线风光、民俗风情、餐食供应广告等内容。

（4）用水供应。

① 饮用水保证供应，途中上水站按规定上水。使用饮水机的备有足量桶装水。

② 列车始发后为旅客送开水，途中有补水服务；售货车配热水瓶，利用售货时为有需求的旅客提供补水服务。

（5）运行途中，厕所吸污时或未供电时锁闭厕所，其他时间不锁厕所。厕所锁闭时，为特殊情况急需使用厕所的旅客提供方便。

（6）公共区域的电源插座保证符合标示范围的旅行必需的小型电器正常使用。

（7）通过图形符号、电子显示、广播、视频、服务指南等方式宣传旅客运输服务信息及客运服务质量标准摘要，引导旅客自助服务。

（8）夜间运行，卧车乘务员在边凳值岗，并定时巡视车厢。始发后和夜间客运乘务员对卧车核对卧位。列车剩余铺位在列车办公席或指定位置公开发售，公布手续费收费标准。

（9）发现旅客遗失物品妥善保管，设法归还失主，无法归还时编制客运记录交站处理。无法判明旅客下车站时交列车终到站处理。

（10）根据旅客乘坐列车等级和席别提供相应服务。

① 商务座车配有专职人员，主动介绍专项服务项目，提供饮品、餐食、小食品、小毛巾、耳塞等服务。

饮品有茶水、饮料，品种不少于6种，茶水全程供应。逢供餐时间，免费供应餐食。供餐时间：早餐8:00以前，正餐11:30～13:00、17:30～19:00。正餐以冷链为主，配用速溶汤，分量适中，可另行配备面点、菜品、佐餐料包等。品种不少于3种，配有清真餐食，定期调整。选用非油炸类点心、蜜饯类、坚果类等无壳、无核、无皮、无骨的休闲小食品，品种不少于6种，独立小包装。

② "G"字头跨局动车组特、一等座车提供饮品、小食品等服务，全程提供送水服务。

知识拓展

动车组列车途中用水供应

1. 用水供应

保证饮用水供应，途中上水站按规定上水，乘务员熟知本线路补水站，及时督促补水。

运行途中为有需求的重点旅客提供送水服务；售货车配热水瓶，利用售货时为有需求的旅客提供补水服务。

2. 动车组列车途中给水

（1）单程运行时间为10～14 h的，途中安排重点车厢补水1次。16辆编组的，优先安排紧邻餐吧车的前部2辆、后部2辆车厢补水；8辆编组及重联的，每组优先安排紧邻餐吧车的前部1辆、后部1辆车厢补水；部分车型紧邻餐吧车车厢没有厕所的，向邻近车厢顺延。

（2）单程运行时间在14 h以上的，途中（运行7 h前后）安排1次全列满水。

（3）车底连续套跑10 h以上的，中间（运行6 h前后）安排1次折返站全列满水。

（4）在给水站停时8 min及以上时，辆辆满水；停时6～8 min，辆辆补水；停时4～5 min，重点车厢补水；停时3 min及以下的，不安排给水作业。

知识拓展

广播视频管理规范

1. 广播常播内容录音化

使用普通话。经停少数民族自治地区车站的列车可根据需要增加当地通用的民族语言播音。过港列车可增加粤语播音。直通列车可增加英语播报客运作业信息。

2. 广播语音要求

广播语音清晰，音量适宜，用语准确，不干扰旅客正常休息。自动广播系统播报正确。使用车载电话广播时做到普通话播报、音量适宜、吐字清楚、语速适中、无停顿、无错字。

尊重民族习俗和宗教信仰。经停少数民族自治地区车站的列车可按规定在图形标志增加当地通用的民族语言文字，可根据需要增加当地通用的民族语言播音。

3. 广播、视频内容要求

视频系统性能良好，使用正常，始发前开启系统播放节目，播放内容符合规定并定期更新。

广播、视频内容以方便旅行生活为主，介绍宣传安全常识和车辆设备设施的使用方法，提示旅客遵守安全乘车规定，播报前方停站、到站信息、便捷换乘等内容，可适当插播文艺娱乐、文明礼仪、沿线风光、民俗风情、餐食供应、广告等内容。

4. 列车服务信息录制规定

列车服务信息由客运乘务担当单位负责按规定录制，报路局（客运处）审批后执行；影音播放系统播放的内容由铁路总公司影音中心制作，铁路总公司宣传部审批。动车组音视频信息由动车段负责录入。

【任务实施】

本任务的实施要求如表 4-2-2 所示。通过此任务，学生能够更好地理解途中作业的重要性，提升职业素养和实际操作能力。

表 4-2-2　任务实施要求

项目	实施要求
任务分组	☆ 每 6～8 人为一小组； ☆ 组长 1 名，负责统筹协调小组工作，确保各项任务按时按质完成； ☆ 乘务服务组：主要负责车厢内的乘客服务，包括餐饮供应、卫生清洁、解答乘客疑问等工作； ☆ 安全巡检组：负责定时巡查车厢，确保列车运行期间的安全，处理紧急状况，并及时向列车长报告； ☆ 乘务协调组：负责与列车长、各乘务组及其他相关部门进行沟通协调，确保信息畅通
实施场所	☆ 模拟车厢、模拟站台、模拟会议室
场景要求	☆ 乘客服务：模拟乘客提出各种服务需求，如餐饮、卫生、问询等，考察乘务服务组的响应速度和服务质量； ☆ 安全巡检：模拟列车运行中的各种情况，如设备故障、乘客突发状况等，检验安全巡检组的应急处理能力和巡检效率； ☆ 信息沟通协调：模拟列车晚点等突发情况，考察乘务协调组的信息传递和协调能力
任务考核	☆ 通过乘客反馈、服务响应速度和服务态度等方面，评估乘务服务组的服务质量

【评价考核】

本任务的评价考核标准如表 4-2-3 所示。

表 4-2-3　任务评价考核标准

序号	评分项目	扣分点	备注
1	仪容仪表（10%）	未按规定着装； 标志佩戴不正确	出现以下问题判不合格： （1）小组中有两人以上缺席演练； （2）严重扰乱课堂秩序； （3）有其他触及岗位红线的行为
2	文明用语（10%）	使用不文明、不礼貌或冒犯性的语言； 沟通时语气不当，如过于生硬、冷漠或粗鲁	
3	演练纪律（20%）	演练过程中不遵守规定流程或步骤； 迟到、早退或无故缺席演练； 在演练中嬉戏打闹、不认真对待	
4	自我评价（10%）	自我评价过于夸大或不切实际； 未能准确识别自身在演练中的优点与不足； 缺乏自我反思和改进的意愿	
5	作业规范（50%）	作业内容不完整、不准确或存在错误； 未按照规定的格式或标准完成作业； 作业提交不及时或存在抄袭现象	
	合计		

【归纳总结】

完成本任务学习之后，请认真进行归纳总结，填写表 4-2-4。

表 4-2-4 任务总结

任务名称：		日期：	
专业：	班级：		姓名：
索引区域 （对本任务所学内容进行要点提炼）	笔记区域 （记录本任务中的重点、难点和中心思想，对未掌握部分进行梳理）		
总结区域 （对本任务所学内容进行归纳总结）			

【知识练兵场】

一、选择题

1. 铁路旅客运输合同从（　　）后成立，至按票面规定运输结束旅客出站时止为合同履行完毕。

   A. 检票进站

   B. 进入候车室

   C. 进站上车

   D. 售出车票

2. 下列不属于承运人权利的是（　　）。

   A. 要求旅客遵守国家法令和铁路规章制度，保证安全

   B. 对损害他人利益和铁路设备、设施的行为有权制止、消除危险和要求赔偿

   C. 依照规定收取运输费用

   D. 对所造成的铁路或者其他旅客的损失予以赔偿

3. 《铁路车站、旅客列车鼠蟑等病媒生物防制管理办法》规定，站、车使用的杀虫、灭鼠药物应符合（　　）有关要求。

   A. 行业

   B. 铁路

   C. 地方

   D. 国家

4. 旅客乘车距离（　　）为直通客流。

   A. 跨两个及以上铁路局的

   B. 在一个铁路局范围内的

   C. 有直接到达列车的

   D. 在 100 km 以上的

5. 动车组乘务员应当按照规定岗位职责进行岗前培训，经（　　）取得上岗资格，由铁路局统一颁发上岗证，持证上岗并应当定期进行脱产培训。

   A. 面试合格

   B. 考试合格

   C. 试用合格

   D. 培训机构审批

二、判断题

1. 发现旅客携带品可疑及无人认领的物品时，配备乘警（或列车安全员，下同）的列车通知乘警到场处理。（　　）

2. 乘务员应定期巡视车厢，提醒乘客看管好自己的行李物品，特别是在停靠站点和

列车行驶过程中,更要加强警惕。(　　)

3. 乘务员在车厢巡视或服务过程中,应主动询问乘客的需求,以便及时了解并满足他们的期望。(　　)

4. 在紧急情况下,乘务员需要保持冷静和理智,迅速组织乘客进行有序疏散和逃生。乘务员应熟悉列车的安全出口和逃生路线,引导乘客沿着正确的方向逃离现场。(　　)

5. 乘务员需要根据季节和天气情况,及时调节车厢的温度和光线,为乘客提供一个舒适、宜人的乘车环境。(　　)

三、填空题

1. 为确保在紧急情况下应急设备的有效性,乘务员需要定期对应急设备进行检查和维护。这包括_____、_____、_____等设备。

2. 乘务员需要定时清理车厢内的垃圾,保持车厢的整洁与卫生。同时,乘务员还要确保_____、_____等设施的干净与完好,为乘客提供一个舒适的休息环境。

3. _____与_____是巡视车厢时需要重点关注的两个方面。乘务员应检查车厢内是否有垃圾未及时清理,卫生间是否干净卫生,以确保乘客能在整洁的环境中旅行。

4. 在日常工作中,乘务员还应注重团队建设和沟通技巧的提升。通过定期的_____和_____,可以增强乘务员之间的默契度和协作能力。

任务三　折返作业

【任务情景】

随着动车组列车即将到达终点站，你作为新晋列车管理人员，正面临着折返作业的挑战。这是一项要求高度协调和迅速响应的任务，你需要在短时间内组织乘务组完成车厢的清洁、乘客的下车引导以及新乘客的登车服务等工作。你迅速召集列车长、乘务员、餐饮服务员和安全员，明确每个人的职责和任务分配。列车长负责与车站协调，确保列车按时折返；乘务员们忙碌地引导乘客下车，并协助他们顺利离开车站；餐饮服务员和安全员则迅速清理车厢，为下一批乘客提供一个整洁、舒适的环境。你密切关注着各项工作的进展，时刻准备应对突发情况。随着新乘客的开始登车，你深知折返作业的成功与否直接关系到列车的准点率和乘客的满意度。你决心通过高效的团队协作，确保每一次折返作业都能顺利完成。

【任务目标】

学习目标：

☆ 全面了解折返作业的基本概念和流程。
☆ 掌握折返作业中各项任务的关键要点和注意事项。

技能目标：

☆ 能够熟练进行列车的折返准备工作，包括车厢清洁、安全检查等。
☆ 掌握与相关部门和人员的沟通协调技巧，确保折返作业的顺利进行。

素养目标：

☆ 培养高效、有序的工作习惯，确保折返作业在规定时间内完成。
☆ 增强团队合作精神，与同事紧密配合，共同应对折返作业中的挑战。
☆ 提升对紧急情况的应对能力，确保在折返过程中乘客和列车的安全。

高铁之窗

折返作业中的高效与团队协作——记XX站列车长张伟的故事

张伟（化名）是某趟高铁列车的列车长，负责列车的整体运营和管理工作。在一次从A市到B市的长途旅程结束后，列车需要在B市进行折返作业，准备返回A市。这是一项时间紧迫且要求高度精准的任务，因为任何延误都可能影响到后续列车的正常运行。

张伟深知折返作业的重要性，因此在作业开始前，他召集全体乘务人员进行了一次简短的动员会。他强调了团队协作的重要性，并鼓励大家发扬不怕困难、勇于担当的精神，确保折返作业顺利完成。在张伟的带领下，乘务人员迅速投入到折返作业中。他们分工明确，各司其职，有的负责车厢的清洁和整理，有的负责检查列车的设备和安全设施，还有的负责与车站工作人员沟通协调。张伟则不断在车厢间巡视，确保各项工作有条不紊地进行。

经过全体乘务人员的共同努力，折返作业在预定时间内顺利完成。列车准时发车，返回了A市。这次折返作业的成功，不仅得益于张伟的高效组织和团队协作，更体现了全体乘务人员的高度责任心和敬业精神。

案例分析：

高效执行：在折返作业中，张伟和他的团队展现出了高效执行的能力。他们能够在有限的时间内完成各项任务，确保列车准时发车。这种高效执行的精神是思政教育中强调的重要内容之一。

团队协作：折返作业的成功离不开全体乘务人员的团队协作。他们分工明确、相互配合，共同完成了任务。这种团队协作的精神是社会主义核心价值观中"和谐"的生动体现。

责任心与敬业精神：全体乘务人员在折返作业中展现出了强烈的责任心和敬业精神。他们深知自己的职责所在，不畏困难、勇于担当，为列车的安全运营提供了有力保障。

通过张伟和他的团队在折返作业中的表现，我们看到了高效执行、团队协作以及责任心和敬业精神的重要性。这些品质不仅关乎列车的安全运营和乘客的出行体验，更是思政教育中的核心内容。我们应该向他们学习，将这些品质内化于心、外化于行，共同为社会的和谐稳定贡献力量。

【知识链接】

一、折返作业概述

折返作业是指动车组列车在到达终点站或在某些特定站点后，进行换向行驶的过程。这个过程包括列车的停靠、乘客的上下车、列车的清洁与维护，以及列车的换向等多个步骤。折返作业是高铁运营中不可或缺的一环，它确保列车能够按照既定的时间表进行高效地运行。

折返作业是保证高铁列车能够连续、高效运行的关键。在高铁线路上，列车需要不断地往返于各个站点之间，而折返作业就是实现这一点的关键环节。如果折返作业不能顺利进行，那么整个高铁线路的运行将会受到影响。

折返作业也直接关系到乘客的出行体验。在折返过程中，乘务员需要迅速、准确地完成车厢的清洁、乘客的引导等工作，以确保下一批乘客能够拥有一个舒适、整洁的乘车环境。如果折返作业效率低下或存在疏忽，很可能会影响到乘客的满意度和舒适度。

从安全角度来看，折返作业也是至关重要的。在列车换向的过程中，需要严格遵守操作规程和安全标准，以确保列车和乘客的安全。任何疏忽或违规操作都可能引发严重的安全事故。

二、动车组折返乘务作业

（一）列车长

1. 折返前

在列车到达折返站之前，列车长要详细掌握车内旅客的情况，特别是有特殊需求（如行动不便、需要特殊协助等）的旅客信息，并与折返站车站工作人员提前沟通协调，确保这些旅客能得到妥善的照顾。

全面检查乘务员、保洁人员和餐饮人员的工作状态，确保各岗位人员都在履行职责，工作无疏漏。对车厢进行全面检查，包括卫生状况的恢复，重点查看车内卫生是否达标、备品是否按照规定定型定位摆放、消耗品是否充足以及有无缺失情况；核对补票和收款情况，确保账目清晰准确；同时掌握餐车的经营状况。

在列车到站前 5 min，通过广播等方式向旅客进行终到站前通告，内容包括列车到达信息、下车注意事项等，保障旅客和动车组列车的安全正常运行，严格落实折返站的卫生质量标准，做到票款相符。

2. 折返后

列车到达折返站后，列车长要热情地向旅客道别，协助重点旅客安全下车。待旅客全部下车完毕，迅速且仔细地巡视车厢，重点检查是否有旅客遗失物品，一旦发现遗失物品要及时妥善处理。

在餐吧车位置与车站客运值班员办理重点旅客相关问题的交接手续，严格按照规章流程操作，确保交接清楚，手续完备且迅速准确，避免出现任何差错。

3. 折返退乘阶段

旅客下车后，列车长要对卫生间内外、洗面间上下、通过台前后、电茶炉周围、自端端门玻璃等区域的卫生进行检查。同时，检查列车到站折返保洁工作质量，包括车内地面清扫的洁净程度，门边、滑道的清洁情况以及列车外皮擦拭情况。若发现卫生质量差、问题重复发生或者保洁人员不听从指挥、不及时整改问题的情况，要准确签注不合格信息。之后通知司机关闭车门，做到对保洁情况清晰了解，鉴定结果准确无误。

召开退乘会，列车长根据本次乘务任务的完成情况，全面总结乘务在服务质量、卫生状况以及联劳协作方面存在的共性和个性问题，并认真填写《乘务日志》。退乘时，列车长带队在前，办公席背包位于中间，乘警在后面护送，乘务员统一右侧提拉乘务箱，沿固定路线，整齐列队带领乘务组退乘，做到讲评全面细致、记录翔实准确。按照规定对乘务员、餐服人员、保洁人员进行考核，全体人员着装整齐，精神面貌良好，有序退乘。

向派班室详细报告一趟工作情况，按照规定交接票务和设备，确保设备的状况和数量交接清楚，交接手续完备。

（二）客运乘务员

1. 折返前

在终到站（即折返站）前 5 min，通过广播进行宣传，内容主要是提醒旅客做好下车准备，如收拾好个人物品、检查携带物品是否齐全等。同时，巡视车厢，轻声唤醒正在休息的旅客，避免旅客错过下车时机。

检查督促保洁人员全面恢复车厢卫生，确保车厢环境整洁干净。协助重点旅客做好乘降准备工作，对重点旅客的特殊需求要提前了解并妥善安排。按照规定位置出场，当列车进站时，乘务员要面带微笑，向旅客行注目礼，广播内容要按时播报、准确无误，使用标准普通话，音量适中，让旅客清晰听到。

2. 折返后

列车到站后，乘务员要热情、主动地向旅客道别，言行规范，展现良好的服务态度，给旅客留下积极的印象。

3. 折返退乘阶段

旅客下车后，乘务员要整理服务备品，与相关人员办理交接手续，确保交接过程清楚明了，手续完备、迅速准确，避免出现备品丢失或交接不清的问题。

乘务员折返乘务作业标准如表 4-3-1 所示。

表 4-3-1　乘务员折返乘务作业标准

项目	作业内容	质量标准
卫生清理	到站前 30 min 餐吧卫生彻底恢复	餐车橱、柜、箱干净无异味，分类标志清晰、定位放置
准备作业	听取列车长返程重点工作安排：在车站放行前 5 min，整理着装，做好销售准备	接受任务清楚，准备工作充分；不出售无生产单位、生产日期、保质期和过期、变质食品，以及口香糖、方便面等严重影响列车环境卫生的食品，超过保质期限的食品单独存放、回收销毁。2 元预包装饮用水和 15 元盒饭不断供
商品封存	入住公寓时，食品、备品按规定打包装箱，做好账目登记、异地存储交接工作	账款相符，交接清楚
列队出站	站台集合，列队按规定行走线路出站，统一乘坐接送车入住公寓	列队整齐，不准中途离队
入住公寓	入住公寓，锁闭票款	遵守公寓管理制度，严禁外出；需用餐时，在列车长组织下按规定时间集体用餐
叫班起床	按时起床、整理仪容着装，列队乘坐接送车上站接车	开车前 40 min 必须到达站台接车
卫生清理	终到站前，彻底清理餐吧卫生	内外清洁
核对账款	认真核对账目，清点现金、商品，填写报表	账款相符，准确无误
装箱整理	终到站前 20 min 对剩余商品装箱整理（不允许提前下架），检查所有能够打开的储藏柜、备品柜、售货车，确保商品无遗漏	归类装箱，无遗漏
安全检查	检查电器设备	电源处于关闭状态
全面巡视	旅客下车完毕，巡视车厢，检查有无旅客遗失品	认真检查，无遗漏，遗失物品交列车长处理
交接商品	剩余商品与配送人员办理交接	认真交接，签字确认
退乘交款	列队退乘，到指定地点交款	账赁相符

三、相关规范、规程与标准

（一）安全秩序

1. 设施故障处理

在折返过程中，若发现上部服务设施故障，客运乘务员应立即向列车长报告，并通知随车机械师共同确认、处理，确保设施问题得到及时解决，不影响后续运行。

2. 车门操作与监控

列车到达折返站停稳后，司机或随车机械师开启车门，并密切监控车门开启状态。在列车准备再次出发前，列车长（重联时为运行方向前组列车长）确认站方开车铃声结束，旅客乘降、高铁快件和餐车物品装卸完毕后，通知司机或随车机械师关闭车门。

对于 CRH5 型动车组列车停靠低站台时，到站前乘务员提前锁闭辅助板指示锁并打开翻板，开车后及时将翻板及辅助板指示锁复位，保障旅客上下车安全和列车正常运行。

3. 车门与通道检查

列车在折返站停留期间，要检查车门、气密窗锁闭状态，确保其良好。定期巡视车厢，保持通道顺畅无阻。若发现车门未锁闭或锁闭状态不良，需指派专人看守，并及时通知随车机械师处理。

在整个折返过程中，通过广播、视频、图形标志、服务指南等方式，向旅客宣传安全常识和车辆设备设施的使用方法，提示旅客遵守安全乘车规定，增强旅客安全意识。

4. 车厢秩序维护

折返过程中做好安全宣传和防范工作，保持车内秩序良好、环境整洁，严禁闲杂人员随车叫卖、拣拾、讨要等行为。对于可能损坏车辆设施和影响安全、文明的行为要及时制止。

全列各处所严格执行禁烟规定，加强禁烟宣传。若发现吸烟行为及时劝阻，并由公安机关依法查处。

5. 行李放置规范

检查行李架、大件行李寄放处物品，确保其摆放平稳、牢固、整齐。大件行李应放在大件行李存放处，不得占用席（铺）位、堵塞通道。

锐器、易碎品、杆状物品及重物等要放在座（铺）位下面或大件行李存放处，衣帽勾只挂衣帽、服饰等轻质物品，使用小桌板不超过其承重范围。

6. 特殊情况处理

若发现旅客携带品可疑及无人认领的物品时，配备乘警的列车通知乘警到场处理，未配备乘警的列车由列车长处理，对危险品做好登记、保管及现场处置，并根据情况向前方停车站（公安部门）移交处理。

发现行为、神情异常的旅客时，要重点关注。配备乘警的列车通知乘警到场处理，未配备乘警的列车由列车长处理，情况严重时交列车运行前方停车站处理。

在折返过程中发生旅客伤病情况，乘务员要提供协助，通过广播寻求医护人员的帮助，情形严重的，报告客调。

（二）设备设施

车厢外部的电子显示屏要准确显示列车运行区间、车次、车厢序号等信息，车内电子显示屏显示列车运行区间、车次、车厢序号、停站、运行速度、温度、中国铁路客户服务中心客户服务电话（区号+电话号码）、安全提示等信息，显示内容需及时、准确更新，保障旅客获取信息的准确性。

站车客运信息无线交互系统手持终端在折返途中要及时更新信息，确保信息交互的及时性和有效性。

（三）折返站标准

1. 车厢保洁

使用垃圾小推车和专用工具适时对车厢进行保洁，保持车厢整洁卫生。在旅客下车后及时全面恢复车容。

各处所地面墩扫要及时，保持干燥、干净；台面、桌面、面镜擦抹及时，干净、无水渍。洗脸（手）池、电茶炉沥水盘清理、擦拭及时，无污渍、无残渣、无堵塞、无积水；垃圾车、垃圾箱（桶）、清洁袋、靠背袋网兜、果皮清理及时，无残渣；厕所要保持畅通无污物、无异味，按规定吸污。餐车餐台、吧台、工作台、微波炉及各橱、箱、柜内保持洁净。

2. 备品补充

清洁袋、洗手液、卫生纸、擦手纸、一次性坐便垫圈等备品补充要及时，卧具若有污染需及时更换，确保旅客使用的便利性和舒适性。

3. 垃圾处理

垃圾应装袋、封口、无渗漏，定位放置，在指定站定点投放，严禁向车外扫倒垃圾、抛扔杂物，维护车站和沿线环境。

（四）文明服务

1. 服务态度与行为

乘务员表情自然，态度和蔼，用语文明，举止得体，庄重大方。使用普通话，表达准确,口齿清晰,服务语言规范准确,常使用"请、您好、谢谢、对不起、再见"等服务用语,对旅客称呼恰当,如统称"旅客们、各位旅客、旅客朋友",单独称呼"先生、女士、小朋友、同志"。

旅客问询时,面向旅客站立(工作人员办理业务时除外),目视旅客,有问必答,回答准确,解释耐心。若有失误,向旅客表示歉意,对旅客的配合与支持表示感谢。

坐立、行走姿态端正,步伐适中,轻重适宜。在旅客多的地方,先示意后通行;与旅客走对面时,要主动侧身面向旅客让行,不与旅客抢行。

列车进出站时,在车门口立岗,面向站台致注目礼(从列车进入站台开始,至开出站台为止)。办理交接时行举手礼(右手五指并拢平展,向内上方举手至帽檐右侧边沿,小臂形成45°角)。

清理卫生时,清扫工具不触碰旅客及携带物品。挪动旅客物品时,需征得旅客同意。需要踩踏座席、铺位时,要穿戴鞋套或使用垫布。占用洗脸间洗漱时,礼让旅客。清洁厕所时,作业人员戴保洁专用手套。

夜间作业、行走、交谈、开关门动作要轻。进包房先敲门,离开时应倒退出包房。不得高声喧哗、嬉戏打闹、勾肩搭背,不在旅客面前吃食物、吸烟、剔牙齿和出现其他不文明、不礼貌的动作,不对旅客评头论足,接班前和工作中不食用异味食品。

客运乘务员进出车厢时,面向旅客鞠躬致谢。

2. 环境舒适度

通风系统应保持良好状态,确保车内空气清新,空气质量符合国家标准。在折返过程中,根据需要对车厢进行温度调节,保持冬季 18～20 ℃,夏季 26～28℃的舒适温度范围。

车内照明符合规定。夜间运行(22:00 - 7:00)时,座车关闭半夜灯;始发、终到站和客流量大的停站,以及列车途经地区与北京时间存在时差时可自行调整照明。

3. 广播视频服务

广播常播内容尽量录音化,使用普通话。经停少数民族自治地区车站的列车可根据需要增加使用当地通用民族语言的播音,过港列车可增加粤语播音,直通列车可增加英语播报客运作业信息。广播语音要清晰,音量适宜,用语准确,不干扰旅客正常休息,自动广播系统播报正确。

视频系统性能良好,使用正常,折返过程中保持开启状态并播放符合规定且定期更新的节目。广播、视频内容以方便旅行生活为主,包括介绍宣传安全常识和车辆设备设施的使用方法、提示旅客遵守安全乘车规定、播报前方停站、到站信息等,适当插播文艺娱乐、文明礼仪、沿线风光、民俗风情、餐食供应广告等内容。

4. 用水供应

确保饮用水供应,折返途中按规定在相应上水站进行上水。使用饮水机的要备有足量桶装水。

列车在折返过程中,始发后为旅客送开水,途中有补水服务;售货车配热水瓶,利用售货时为有需求的旅客提供补水服务。

5. 厕所使用管理

在折返站停留期间,根据实际情况,如厕所吸污时或未供电时锁闭厕所,其他时间厕所正常开放。厕所锁闭时,要为特殊情况急需使用厕所的旅客提供方便。

6. 电源使用保障

公共区域的电源插座要保证符合标示范围的旅行必需的小型电器正常使用,满足旅客用电需求。

7. 信息宣传引导

通过图形符号、电子显示、广播、视频、服务指南等方式宣传旅客运输服务信息及客运服务质量标准摘要,引导旅客自助服务,提高旅客的自主乘车能力。

8. 夜间服务与铺位管理

夜间运行时,卧车乘务员在边凳值岗,并定时巡视车厢。始发后和夜间客运乘务员对卧车核对卧位。

列车剩余铺位在列车办公席或指定位置公开发售,公布手续费收费标准,规范铺位管理。

9. 遗失物品处理

发现旅客遗失物品要妥善保管,设法归还失主,无法归还时编制客运记录交站处理。若无法判明旅客下车站时交列车终到站处理。

10. 差异化服务

根据旅客乘坐列车等级和席别提供相应服务。

商务座车配有专职人员,主动介绍专项服务项目,提供饮品、餐食、小食品、小毛巾、耳塞等服务。饮品有茶水、饮料,品种不少于6种,茶水全程供应。逢供餐时间,免费供应餐食(供餐时间:早餐 8:00 以前,正餐 11:30—13:00、17:30—19:00)。正餐以冷链为主,配用速溶汤,分量适中,可另行配备面点、菜品、佐餐料包等,品种不少于3种,配有清真餐食且定期调整。选用非油炸类点心、蜜饯类、坚果类等无壳、无核、无皮、无骨的休闲小食品,品种不少于6种,独立小包装。

"G"字头跨局动车组特、一等座车提供饮品、小食品等服务,全程提供送水服务。

知识拓展

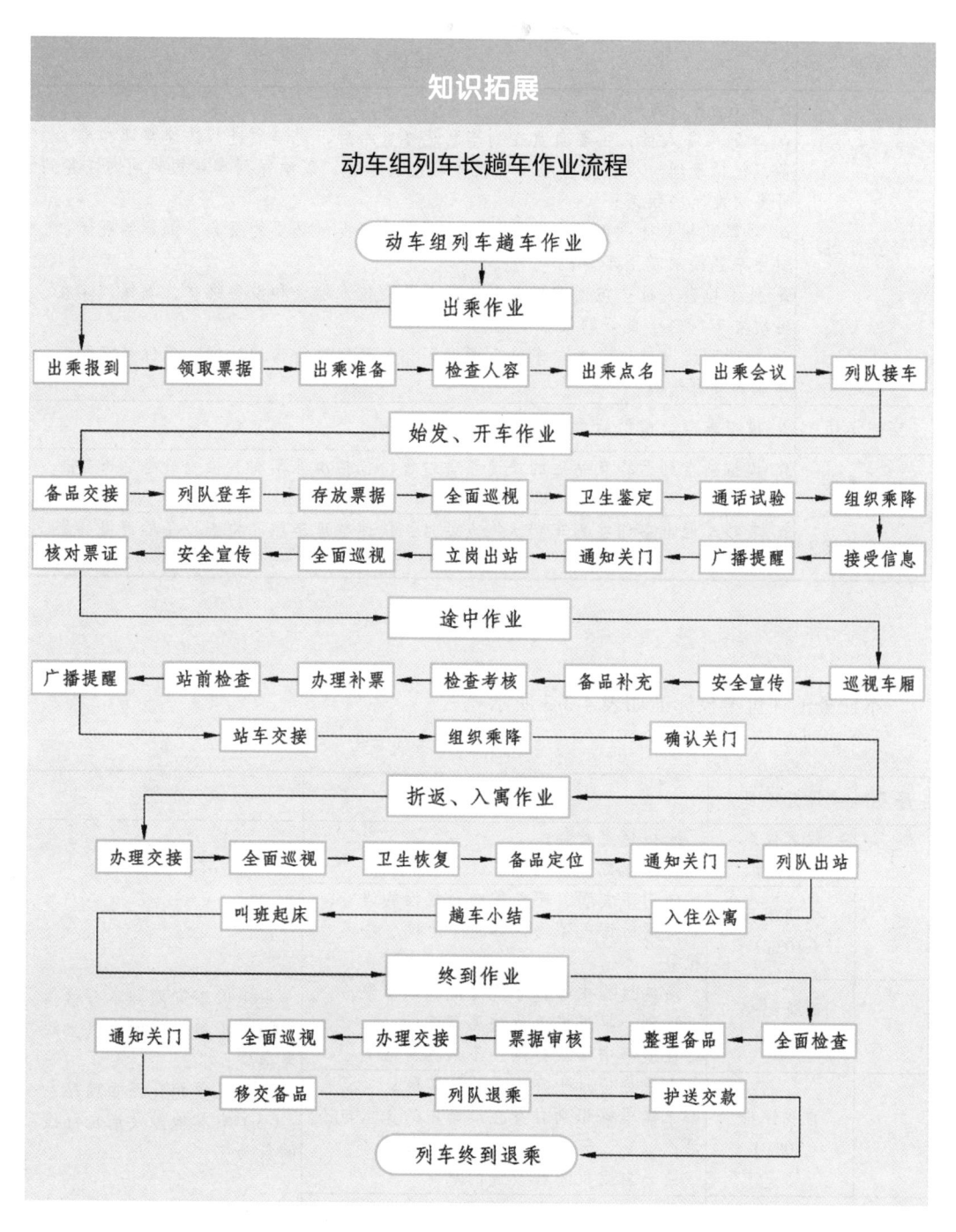

动车组列车长趟车作业流程

```
                    动车组列车趟车作业
                           │
                         出乘作业
                           │
出乘报到 → 领取票据 → 出乘准备 → 检查仪容 → 出乘点名 → 出乘会议 → 列队接车
                           │
                      始发、开车作业
                           │
备品交接 → 列队登车 → 存放票据 → 全面巡视 → 卫生鉴定 → 通话试验 → 组织乘降
核对票证 → 安全宣传 → 全面巡视 → 立岗出站 → 通知关门 → 广播提醒 → 接受信息
                           │
                         途中作业
                           │
广播提醒 → 站前检查 → 办理补票 → 检查考核 → 备品补充 → 安全宣传 → 巡视车厢
            → 站车交接 → 组织乘降 → 确认关门
                           │
                      折返、入寓作业
                           │
办理交接 → 全面巡视 → 卫生恢复 → 备品定位 → 通知关门 → 列队出站
            叫班起床 ← 趟车小结 ← 入住公寓
                           │
                         终到作业
                           │
通知关门 → 全面巡视 → 办理交接 → 票据审核 → 整理备品 → 全面检查
            移交备品 → 列队退乘 → 护送交款
                     列车终到退乘
```

【任务实施】

本任务的实施要求如表 4-3-2 所示。通过此任务,学生能够更好地理解折返作业的重要性,提升职业素养和实际操作能力。

表 4-3-2　任务实施要求

项目	实施要求
任务分组	☆ 每 6~8 人为一小组； ☆ 车厢准备人员：主要负责在列车到达终点站后，对车厢进行快速整理和准备，包括清理垃圾、整理座椅、检查车内设施等，以确保列车在短时间内恢复到可再次发车的状态； ☆ 乘客服务人员：负责在列车折返期间为乘客提供必要的服务，如解答疑问、引导乘客换乘或下车等； ☆ 技术检查人员：在列车折返时进行必要的技术检查和设备维护，确保列车在再次发车前处于良好的技术状态； ☆ 协调联络人员：负责与车站、调度等相关部门进行沟通协调，确保列车折返作业的顺利进行
实施场所	☆ 模拟车厢、模拟站台、模拟会议室
场景要求	☆ 模拟列车到达终点站后的快速整备过程，包括清理车厢、检查设备、准备再次发车等
任务考核	☆ 考核车厢准备组在列车到达终点站后，快速整理车厢、检查设备的速度和质量

【评价考核】

本任务的评价考核标准如表 4-3-3 所示。

表 4-3-3　任务评价考核标准

序号	评分项目	扣分点	备注
1	仪容仪表（10%）	未按规定着装； 标志佩戴不正确	出现以下问题判不合格： （1）小组中有两人以上缺席演练； （2）严重扰乱课堂秩序； （3）有其他触及岗位红线的行为
2	文明用语（10%）	使用不文明、不礼貌或冒犯性的语言； 沟通时语气不当，如过于生硬、冷漠或粗鲁	
3	演练纪律（20%）	演练过程中不遵守规定流程或步骤； 迟到、早退或无故缺席演练； 在演练中嬉戏打闹、不认真对待	
4	自我评价（10%）	自我评价过于夸大或不切实际； 未能准确识别自身在演练中的优点与不足； 缺乏自我反思和改进的意愿	
5	作业规范（50%）	作业内容不完整、不准确或存在错误； 未按照规定的格式或标准完成作业； 作业提交不及时或存在抄袭现象	
	合计		

【归纳总结】

完成本任务学习之后,请认真进行归纳总结,填写表 4-3-4。

表 4-3-4　任务总结

任务名称:		日期:	
专业:	班级:		姓名:
索引区域 (对本任务所学内容进行要点提炼)	笔记区域 (记录本任务中的重点、难点和中心思想,对未掌握部分进行梳理)		
总结区域 (对本任务所学内容进行归纳总结)			

【知识练兵场】

一、选择题

1. 《铁路车站、旅客列车卫生监督管理办法》规定，旅客列车不按规定处理垃圾，沿途随意倾倒者，罚款（　　）。

  A. 20～100 元

  B. 20～300 元

  C. 20～400 元

  D. 20～500 元

2. 动车组车内各种服务图形标志型号一致，位置统一，安装牢固，（　　），符合规定。

  A. 标志明显

  B. 张贴齐全

  C. 齐全醒目

  D. 图文并茂

3. 动车组车内的渡板及各部位压条、压板、螺栓（　　）；脚蹬安装牢固，无腐蚀破损；手把杆无（　　）；各部位金属部件无（　　）。

  A. 不松动、无翘起；破损、松动；锈蚀

  B. 不活动、无翘边；破损、松动；锈蚀

  C. 不松散、无翘起；破坏、松动；锈蚀

  D. 不松动、无翘起；破损、松动；生锈

4. 列车应保证有（　　）的开水供旅客饮用。

  A. 必须

  B. 足够

  C. 清洁

  D. 符合标准

5. 坚持进行遵章守纪职业道德教育，反对"两个主义"，克服"两违"现象，使职工养成严格遵章守纪的（　　）习惯。

  A. 安全

  B. 工作

  C. 道德

  D. 职业

二、判断题

1. 在完成车厢整备和迎接新乘客的准备工作后，乘务员还需要调整好自己的心态。高铁乘务工作是一项高强度、高压力的工作，乘务员需要具备良好的心理素质和抗压能力。（　　）

2. 设施设备的完好与否直接关系到乘客的乘车体验。因此,乘务员必须高度重视设施设备的检查工作,确保为乘客提供一个舒适、安全的乘车环境。(　　)

3. 清洁过程中还应注意使用正确的清洁剂和工具,避免对列车内饰造成损害。同时,为了提高工作效率,乘务员之间可以进行合理的分工,确保清洁工作的高效完成。(　　)

4. 在乘客下车后,乘务员需要迅速检查车厢,了解乘客下车的情况以及车厢内的状况。(　　)

5. 报告过程中,乘务员应准确、清晰地陈述所观察到的情况,不遗漏任何重要信息。(　　)

三、填空题

1. 清洁工作是列车整备的基础。在折返后的有限时间内,乘务员需要对车厢进行全面的清洁,包括_____、_____、_____、_____等各个角落。

2. 为了避免下车时的混乱和拥堵,乘务员应提前在车厢内引导乘客前往车门位置。他们可以通过_____、_____等方式,清晰地指示出车门的方位和距离。

3. 对于携带儿童的乘客,乘务员需要密切关注_____。他们可以帮助家长照看儿童,防止他们在下车过程中走失或受伤。

4. 列车长会根据乘务员的报告以及自己的判断,下达关于折返作业的具体指令和要求。这些指令和要求可能涉及_____、_____的检查复位、乘客服务设施的准备等多个方面。

5. 除了清洁工作外,乘务员还需要对车厢内的所有设施设备进行检查。这包括_____、_____、_____、_____、_____等

任务四　终到作业

【任务情景】

　　动车组列车缓缓驶入终点站，你作为新晋列车管理人员，正紧张而有序地组织乘务组进行终到作业。这是一项烦琐而重要的工作，它标志着一次行程的结束，也是下一次行程的起点。你指挥乘务员们协助乘客下车，确保他们安全和顺利地离开车站。同时，你监督餐饮服务员和安全员对车厢进行最后的清理和检查，为下一趟旅程做好准备。你密切关注着每一个细节，从座位的清洁度到车厢的整洁度，都力求做到最好。你深知，一个优秀的乘务团队不仅需要高效的协作，更需要细致入微的服务。随着乘客们陆续下车，你感到一种莫名的成就感。你明白，每一次终到作业的成功，都是对乘务组专业素养和服务精神的最好诠释。你期待着下一次的行程，期待着为更多的乘客提供优质的服务。

【任务目标】

学习目标：

☆ 深入了解终到作业的基本流程和关键要点。
☆ 掌握终到作业中各项任务的目的和标准。

技能目标：

☆ 能够独立完成列车终到前的各项准备工作，包括车厢整理、乘客下车引导等。
☆ 熟练掌握与终到站点的协调沟通技巧，确保列车顺利交接和乘客有序离站。

素养目标：

☆ 培养耐心、细致的工作态度，确保终到作业准确无误。
☆ 增强服务意识和责任感，为乘客提供周到的终到服务。
☆ 提升团队合作精神，与同事共同协作，确保终到作业的顺利进行。同时，加强自我总结与反思能力，不断优化终到作业流程，提高工作效率。

高铁之窗

终到作业中的细心与专注——记XX站列车乘务员林静的故事

林静（化名）是××站的一名列车乘务员，负责列车终到作业。终到作业是列车完成运行任务后的最后一项工作，包括车厢清洁、安全检查、物品整理等多个环节，对于确保列车下次安全出行至关重要。

某日晚间，林静所在的列车完成了从C市到D市的长途旅程，准备进行终到作业。在作业过程中，林静始终保持着高度的细心和专注。她不仅认真检查车厢内的每一个角落，确保没有乘客遗留的物品，还仔细清扫车厢，为下一次列车的出发做好准备。

在清扫过程中，林静发现了一个被乘客遗忘在座位下的手提包。她立即按照车站规定，将手提包上交到了车站失物招领处，并留下了详细的记录。不久后，失主匆匆赶来，对林静表示了衷心的感谢。原来，手提包里装有重要的证件和现金，对失主来说意义非凡。

——××铁路职工报

案例分析：

细心与专注：在终到作业中，林静展现出了极高的细心和专注度。她对待工作的认真态度，确保了列车在下次出行前能够恢复到最佳状态。这种细心和专注的精神是思政教育中强调的重要品质。

诚信与责任：林静在发现手提包后，没有私自占有，而是选择了上交到车站失物招领处。这体现了她高度的诚信和责任心，是社会主义核心价值观中"诚信"的生动实践。

服务意识：林静的工作始终围绕着为乘客提供更好的服务展开。在终到作业中，她不仅关注车厢的清洁和安全，还关注乘客的遗失物品，充分体现了铁路工作人员的服务意识。

通过林静的故事，我们看到了终到作业中的细心、专注、诚信、责任和服务意识等思政要素的重要性。这些品质不仅关乎列车的安全运行和乘客的满意度，更是思政教育中的核心内容。我们应该向林静学习，将这些品质内化于心、外化于行，共同为铁路运输事业贡献力量。

【知识链接】

一、终到作业概述

（一）终到作业的定义

终到作业，是指动车组列车在到达终点站后所进行的一系列作业活动。这些活动包括但不限于乘客下车引导、车厢清洁与整备、物品整理和交接等。

乘客下车引导：在列车到达终点站后，乘务员需要引导乘客有序下车。这包括提醒乘客带好随身物品、注意安全等。目标是确保所有乘客都能安全、顺畅地离开车厢。

车厢清洁与整备：乘客下车后，乘务员需要对车厢进行全面清洁和整备。这包括清理垃圾、擦拭座椅和桌面、检查设施设备是否完好等。目标是恢复车厢的整洁和舒适度，为下一趟列车的乘客提供一个良好的乘车环境。

物品整理和交接：乘务员需要整理和清点车厢内的物品，包括乘客遗留的物品、列车配备的用品等。同时，还需要与下一班乘务员进行详细交接，确保列车运行的连续性和安全性。目标是确保物品不遗失、不损坏，保障列车的正常运行。

二、动车组终到乘务作业

（一）列车长

1. 终到前作业

（1）全面巡视车厢，检查防火安全设备设施状态、全面卫生清理。检查列车乘务员使用清洁车收取垃圾、垃圾袋撤换及空余座位小桌板、遮光帘（幕）收起复位等情况。提醒旅客整理好随身携带物品，做好下车准备。

（2）检查餐售到站前作业，餐台、后厨、前厅卫生全面清理，按规定时间收取商品、货物，与餐车长核对饮品、休闲食品使用数量，签字确认。

（3）填记表报簿册，审核票据、清点票款。

（4）到站前监控广播、电子屏、视频播放及显示，确保内容准确、音量适中、播放及时。

（5）当车底入库时，终到前将服务设施故障问题填写在《动车组固定服务设施状态检查记录》内，与机械师签字确认；客运班组交接班时，对《动车组固定服务设施状态检查记录》中记载的问题与接班列车长做好交接。

（6）到站前巡视车厢，到指定车门位置立岗，加强宣传引导。

2. 终到（折返）作业

（1）列车到站停稳后，提示兼职广播员播放广播，监听音量。在指定车门处立岗，与车站办理业务交接。

（2）旅客下车完毕后，对车厢进行全面巡视，检查终到卫生，发现旅客遗失物品及时交车站处理。

（3）在立岗位置与车站指定高铁快件交接人员按装载清单办理交接。

（4）检查折返卫生质量和备品补充情况，协助车内整容，按标准进行考核。

（5）确认折返站列车上水情况，做好记录。

（6）终到后，督促列车乘务员回收视频监控设备。

3．退乘作业

（1）旅客下车后，检查卫生间内外、洗面间上下、通过台前后、电茶炉周围、自端端门玻璃卫生。检查列车到站折返保洁对车内地面清扫的洁净度、门边、滑道、列车外皮擦拭的卫生质量差、问题重复发生，或保洁人员不听指挥、不及时整改问题的，签注不合格。通知司机关闭车门。做到保洁情况清楚，鉴定结果准确。

（2）组织列车乘务员收取剩余易耗品，整理乘务备品，清洁工具定位，确认齐全与客运质检员（接班列车长）办理业务交接。交接事项清楚、手续完备。

（3）恢复金柜初始设置密码，由专人护送（配备乘警的，由乘警护送）到规定地点解款。

（4）按规定线路退乘，组织乘务班组召开退乘会，列车长根据乘务任务完成情况总结乘务在服务、卫生及联劳协作方面存在的共性和个性问题，填写《乘务日志》，点评趟班工作、返还烟火、手机。列车补票、通信等设备，相关备品、表簿按规定交接。

（5）向派班室报告一趟工作情况，按规定交接票务、设备。做到设备状况、数量交接清楚，手续完备。

（6）公寓保休时，车长带队在前、办公席背包中间、乘警后面护送、右侧提拉乘务箱、走固定路线，统一列队带领乘务组退乘。遵守待乘纪律，外出执行请假制度，坚持两人以上同去同归。折返出乘前组织召开出乘会，收缴烟火、手机。

4．终到作业联系用语

动车组列车到达终到站后，列车长确认旅客下车完毕，客运、随车保洁、餐服人员终到作业结束后，通知司机（按钮不在司机操作台上的通知随车机械师）关闭车门。

列车长："××次司机，请关闭车门"。

司机："××次司机明白"。

（二）客运乘务员

1．终到前

终到站前 5 min 广播宣传，提醒旅客做好下车准备。巡视车厢，唤醒休息的旅客。检查督促保洁人员全面恢复车厢卫生。协助重点旅客乘降。按照规定位置出场，列车进站面带微笑行注目礼。做到按时播报，内容准确，使用普通话，音量适宜。对重点旅客的需求要做到心中有数。

2. 终到后

列车到站后，向旅客道别。做到言行规范，主动热情。

按照车厢分工，从上到下，按照行李架、窗台、座位、书报袋、座席下、盥洗室、卫生间的顺序迅速检查有无旅客遗失品。做到发现问题及时通知列车长。

3. 退乘阶段

旅客下车后，整理服务备品，办理交接。做到交接清楚，手续完备，迅速准确。

微课：终到作业－组织乘降　　微课：终到作业－卫生清理　　微课：终到作业－车内巡视　　微课：终到作业－退乘作业

乘务员终到作业标准如表 4-4-1 所示。

表 4-4-1　乘务员终到作业标准

作业项目	作业步骤	作业标准	作业图示
卫生清理	做好终到前准备工作，协助乘服员完成终到卫生工作	1. 终到前 30 min 全列巡视，自查仪容着装，协助乘服员收集旅客废弃物； 2. 终到卫生达标，厕所三不带，地面清扫干净，座椅网兜后无垃圾，垃圾袋扎口后定位摆放	
备品交接	整理备品，准备打包交接	终到前 30 min，根据列车长安排，将服务备品、用品等运送到餐车，做好交接、打包工作	
组织乘降	放行准备，组织旅客到车门	1. 到站对重点旅客进行提醒，帮助重点旅客取拿行李； 2. 放行前 5 min，整理着装； 3. 旅客下车时服务语言："请慢走，请注意脚下，欢迎下次乘车"	

车内巡查	旅客下车完毕后，巡视责任车厢	1. 重点检查有无滞留旅客、旅客遗失物品、服务设施状态等，发现异常，立即报告列车长； 2. 下车立岗后，注意确认乘服员下车立岗情况，卡控好车门，严禁闲杂人员上车，向列车长汇报后等待车门关闭或列车长通知列队至中部集合	
班组交接	与接车班组办理工作交接	与接车班组办理值乘车体设备情况、商品、当趟重点工作等交接，做到交接事项清楚、重点明确	
退乘作业	1. 站台列队进行总结； 2. 列队出站	1. 站台列队听取列车长对当趟工作进行总结； 2. 列队出站，协同列车长缴款，做好耗材退库，协助做好设备退还等工作	

三、相关规范、规程与标准

（一）终到标准

终到站时车内无垃圾、污水、粪便、异味。垃圾装袋、封口、无渗漏，到终点站投放。

（二）到站立即折返标准

（1）站外侧车皮、门框、车窗干净，无污物、无积尘。

（2）车内地面清洁，行李架、大件行李存放处、扶手及座椅（铺位）、窗台上和靠背网兜内干净整洁；垃圾桶（箱）内无垃圾，无异味。

（3）热水瓶、果皮盘内外洁净，垃圾桶（箱）、洗脸间四周洁净。

（4）餐车橱、柜、箱干净无异味，分类标志清晰，商品、餐饮品和备品等分类定位放置。

（5）洗脸间、厕所面镜洁净，洗脸（手）池、便器无污物、无异味。电茶炉沥水盘洁净。

（6）布制品、消耗品和保洁工具等服务备品配备齐全，定位放置，定型统一：

① 卧具叠放整齐，摆放统一，床单、头枕片、座席套、茶几布等铺设平整，干净整洁。

② 清洁袋、洗手液、卫生纸、擦手纸、一次性坐便圈、服务指南、免费读物、商务座专项服务等备品补足配齐，定位放置。

③ 保洁工具、售货车等备品定位放置，不影响旅客使用空间。

（7）可旋转式座椅转向列车运行方向。

（三）文明服务

卧具在终点站收取，贴身卧具一客一换。到站前提醒卧车旅客做好下车准备，不干扰其他旅客。

知识拓展

动车组列车终到整备规范

一、终到标准

终到站时车内无垃圾、污水、粪便、异味。垃圾装袋、封口、无渗漏，到站定点投放。

二、到站立即折返标准

1. 站台侧车外皮、门框、车窗干净，无污物、无积尘。

2. 车内地面清洁，行李架、大件行李存放处、扶手及座椅（铺位）、窗台上和靠背网兜内干净整洁；垃圾箱（桶）内无垃圾，无异味。

3. 热水瓶、果皮盘内外洁净，垃圾箱（桶）、洗脸间四周洁净。

4. 餐车橱、柜、箱干净无异味，分类标志清晰，商品、餐饮品和备品等分类定位放置。

5. 洗脸间、厕所面镜洁净，洗脸（手）池、便器无污物、无异味。电茶炉沥水盘洁净。

6. 布制品、消耗品和保洁工具等服务备品配备齐全，定位放置，定型统一。

（1）卧具叠放整齐，摆放统一，床单、头枕片、座席套、茶几布等铺设平整，干净整洁。

（2）清洁袋、洗手液、卫生纸、擦手纸、一次性坐便垫圈、服务指南、免费读物、商务座专项服务用品等备品补足配齐，定位放置。

（3）保洁工具、售货车等备品定位放置，不影响旅客使用空间。

7. 可旋式座椅转向列车运行方向。

知识拓展

动车组列车终到站车客运业务交接

1. 终到车门检查作业

旅客下车完毕，列车长提示列车乘务员检查立岗车门及相邻车门，并对全列车门及隐蔽部位进行巡视检查，交接确认后通知司机客运作业完毕。

2. 动车组列车终到站车交接

动车组列车到达终点站，列车长在规定位置与车站客运值班员办理重点旅客、遗失物品等业务交接，做到交接清楚，手续完备。

（1）列车严重晚点，影响旅客后续乘车。

由于列车晚点影响旅客后续乘车时，列车长应编制客运记录一式两份，注明列车图定运行时刻、晚点时分、旅客所持联程票接续乘车时刻等事项，与车站值班员签认交接后，交旅客办理改签、退款手续。

（2）列车接到寻找旅客遗失物品通知并找到物品。

列车接到寻找旅客遗失物品通知并找到物品时，应与查找站取得联系，同时编制客运记录一式两份，与客运值班员签认交接后各持一份。记录详细注明品名、件数等移交列车前方停车站，记录中须注明转送查找站。

（3）重点旅客服务交接。

到达站要按照客调通知或列车移交的重点旅客，认真及时地做好旅客出站、救助等协助工作，对处理情况做好记录。

【任务实施】

本任务的实施要求如表 4-4-2 所示。通过此任务，学生能够更好地理解终到作业的重要性，提升职业素养和实际操作能力。

表 4-4-2　任务实施要求

项目	实施要求
任务分组	☆ 每6～8人为一小组，包括4名列车乘务员，若干旅客，教师模拟列车长
实施场所	☆ 模拟车厢、模拟站台、模拟会议室
场景要求	☆ 车厢清理：模拟列车到达终点站后，车厢内的清理和整理工作，包括清理垃圾、整理座椅等； ☆ 乘客下车指引：模拟乘客下车时的场景，考察乘客服务组如何有效地引导乘客安全、有序下车
任务考核	☆ 考核车厢检查与清理组在列车到达终点后，清理车厢的速度和质量； ☆ 评估车站协调组与车站工作人员沟通协调的流畅度和效果，确保列车终到后的各项作业顺利进行

【评价考核】

本任务的评价考核标准如表 4-4-3 所示。

表 4-4-3　任务评价考核标准

序号	评分项目	扣分点	备注
1	仪容仪表（10%）	未按规定着装； 标志佩戴不正确	出现以下问题判不合格： （1）小组中有两人以上缺席演练； （2）严重扰乱课堂秩序； （3）有其他触及岗位红线的行为
2	文明用语（10%）	使用不文明、不礼貌或冒犯性的语言； 沟通时语气不当，如过于生硬、冷漠或粗鲁	
3	演练纪律（20%）	演练过程中不遵守规定流程或步骤； 迟到、早退或无故缺席演练； 在演练中嬉戏打闹、不认真对待	
4	自我评价（10%）	自我评价过于夸大或不切实际； 未能准确识别自身在演练中的优点与不足； 缺乏自我反思和改进的意愿	
5	作业规范（50%）	作业内容不完整、不准确或存在错误； 未按照规定的格式或标准完成作业； 作业提交不及时或存在抄袭现象	
	合计		

【归纳总结】

完成本任务学习之后，请认真进行归纳总结，填写表 4-4-4。

表 4-4-4 任务总结

任务名称:		日期:	
专业:	班级:		姓名:

索引区域 （对本任务所学内容进行要点提炼）	笔记区域 （记录本任务中的重点、难点和中心思想，对未掌握部分进行梳理）

总结区域 （对本任务所学内容进行归纳总结）

【知识练兵场】

一、选择题

1. 铁路软席乘车证的颜色为（　　）。
   A. 浅绿色
   B. 浅粉色
   C. 浅蓝色
   D. 浅黄色

2. 《列车员岗位职责》要求列车乘务员认真执行车容卫生标准，搞好卫生宣传，经常保持内外整洁，空气新鲜，温度适宜，为旅客创造良好的（　　）。
   A. 生活环境
   B. 旅行环境
   C. 旅行空间
   D. 生活空间

3. 《动车组列车服务质量规范》规定，特、一、二等座车有清洁袋、免费读物和服务指南，放置在（　　）或其他指定位置。
   A. 座椅上面
   B. 座椅扶手箱内
   C. 座椅靠背袋内
   D. 行李架上

4. 使用列车乘务服务用语时应该语调（　　）、语速适中、表达流畅、准确鲜明、实事求是。
   A. 高亢
   B. 温婉
   C. 柔和
   D. 轻细

5. 旅客列车在运行中发现烈性传染病患者时，（　　）报告。
   A. 列车长应及时向前方站
   B. 列车长应及时向上级
   C. 列车长应及时向防疫站
   D. 列车长应及时了解情况

二、判断题

1. 动车组列车到达终到站后，列车长确认旅客下车完毕，客运、随车保洁、餐服人员终到作业结束后，通知司机（按钮不在司机操作台上的通知随车机械师）关闭车门。（　　）

2. 由于列车晚点影响旅客后续乘车时，列车长应编制客运记录一式两份，注明列车图定运行时刻、晚点时分、旅客所持联程票接续乘车时刻等事项，与车站值班员签认交接后，交旅客办理改签、退款手续。（   ）

3. 列车接到寻找旅客遗失物品通知并找到物品时，应与查找站取得联系，同时编制客运记录一式两份，与客运值班员签认交接后各持一份。记录详细注明品名、件数等移交列车前方停车站，记录中须注明转送查找站。（   ）

4. 到达站要按照客调通知或列车移交的重点旅客，认真及时地做好旅客出站、救助等协助工作，对处理情况做好记录。（   ）

三、填空题

1. 检查列车乘务员使用清洁车收取垃圾、垃圾袋撤换及空余座位小桌板、遮光帘（幕）收起复位等情况。提醒旅客_____，做好下车准备。

2. 检查餐售到站前作业，餐台、后厨、前厅卫生全面清理，按规定时间收取商品、货物，与餐车长核对_____使用数量，签字确认。

3. 到站前_____及显示，确保内容准确、音量适中、播放及时。

4. 当车底入库时，终到前将服务设施故障问题填写在《动车组固定服务设施状态检查记录》内，与_____签字确认；客运班组交接班时，对《动车组固定服务设施状态检查记录》中记载的问题与_____做好交接。

5. 到站前_____，到指定车门位置立岗，加强宣传引导。

模块五

特殊情况下的服务

在动车组列车运行过程中，有时会遇到各种特殊情况，如天气突变、设备故障、旅客突发疾病等。在这些特殊情况下，乘务组的服务显得尤为重要。面对恶劣天气，乘务组会及时与车站和调度中心沟通，确保列车运行的安全，并向旅客提供必要的信息和安抚。当列车设备发生故障时，机械师会迅速响应，进行紧急维修，而乘务员和列车长则会通过广播等方式及时向旅客通报维修进度，减少旅客的焦虑和不便。若旅客在列车上突发疾病或需要帮助，乘务组会立即启动应急预案，提供急救措施，并联系前方车站做好接应准备。他们还会细心照顾旅客，确保其在旅途中得到妥善的关照。在特殊情况下，乘务组的专业素养和应急处理能力得到了充分的体现。他们不仅是列车的运行者，更是旅客的守护者和帮助者。他们的存在，让旅客在面临困境时依然能感受到温暖和关怀，也展现了铁路服务的专业与人性化。

任务一　特殊旅客服务

【任务情景】

车上迎来了一批特殊旅客,包括老人、孕妇、残疾人等。作为一名新晋列车管理人员,你深知为这些特殊旅客提供周到的服务至关重要。你迅速组织乘务组,召开紧急会议,强调对特殊旅客的关照和服务标准。列车长和乘务员们积极响应,为这些旅客提供了座位安排、行李搬运等贴心服务。针对行动不便的旅客,安全员协助其上下车,并确保车厢内的安全设施完备。餐饮服务员则为特殊旅客准备了适合的餐食和饮品。在整个旅程中,你不断巡视车厢,与特殊旅客沟通交流,了解他们的需求并及时解决他们的问题。你的乘务团队也展现出高效协作的精神,确保每一位特殊旅客都能感受到温暖和关怀。这次特殊旅客服务让你深刻体会到,为旅客提供个性化的优质服务,是动车组列车乘务组不可或缺的使命。

【任务目标】

学习目标:

☆ 深入了解特殊旅客的需求和特点,包括老年人、残疾人、孕妇、带小孩的旅客等。
☆ 掌握为特殊旅客提供专业化、人性化服务的基本理念和方法。

技能目标:

☆ 能够识别和评估特殊旅客的具体需求,并提供相应的服务措施。
☆ 熟练掌握与特殊旅客沟通的技巧,包括使用辅助设备、提供必要的帮助和关怀等。

素养目标:

☆ 培养对特殊旅客的尊重、关爱和包容心,树立以人为本的服务理念。
☆ 提升应对复杂情况和解决问题的能力,确保为特殊旅客提供优质的服务体验。
☆ 增强团队合作精神,与同事协同配合,共同满足特殊旅客的多元化需求。

高铁之窗

特殊旅客的温馨之旅——记 XX 次列车乘务员陈璐的贴心服务

陈璐（化名）是××次列车的列车乘务员，一直以来都以热情周到的服务著称。某日，一位名叫王××的老年旅客，因为患有严重的腿疾，行动不便，需要在列车上得到特殊照顾。得知这一情况后，陈璐主动承担起了照顾王先生的责任。

在长达十几个小时的旅途中，陈璐不仅为王先生提供了细致入微的照顾，还时刻关注他的身体状况，及时为他送去热水和药品。当王先生需要上厕所时，陈璐更是毫不犹豫地搀扶着他，确保他的安全和舒适。

在陈璐的精心照顾下，王先生不仅感受到了旅途的温馨，更被陈璐的职业精神和责任心所感动。他在下车前紧紧握住陈璐的手，连声道谢，感慨地说："谢谢你，小姑娘，你让我感受到了家人般的温暖。"

——××铁路客户服务报

案例分析：

尊老爱幼的传统美德：陈璐对老年旅客王先生的特殊照顾，体现了中华民族尊老爱幼的传统美德。这种美德是思政教育中的重要内容，也是社会主义核心价值观的生动体现。

职业精神和责任心：陈璐在旅途中对王先生的细心照顾，展现了她出色的职业精神和强烈的责任心。这种精神不仅关乎个人职业发展，更是对社会主义核心价值观中"敬业"的践行。

人文关怀与同理心：陈璐能够设身处地地考虑王先生的需求，为他提供个性化的服务，体现了她的人文关怀和同理心。这种关怀和同理心是构建和谐社会的重要基石，也是思政教育的重要目标之一。

通过陈璐对特殊旅客王先生的温馨服务，我们看到了尊老爱幼的传统美德、职业精神和责任心，以及人文关怀与同理心等思政要素的重要性。这些品质不仅关乎个人的道德修养和职业发展，更是构建和谐社会的关键因素。我们应该向陈璐学习，将这些品质内化于心、外化于行，共同为社会的和谐稳定贡献力量。

【知识链接】

一、特殊旅客概述

（一）特殊旅客的定义

在高铁客运服务中，特殊旅客是指那些由于年龄、身体条件或其他特殊情况而需要特别关照的旅客群体。这些旅客可能因为种种原因，在旅途中会遇到比普通旅客更多的困难和挑战。因此，了解和识别这些特殊旅客，为他们提供有针对性的服务，是高铁乘务工作的一项重要内容。

1. 老年人

随着我国人口老龄化趋势的加剧，老年旅客在高铁乘客中的比例逐渐增加。老年人由于年龄较大，身体机能下降，可能存在行动不便、视力听力减退等问题。因此，在高铁旅行中，老年人需要更多的关注和照顾。例如，他们可能需要更长时间的等待和休息，或者在上下车、找座位等方面需要帮助。高铁乘务员应该主动询问老年旅客的需求，提供必要的帮助，确保他们的旅行安全和舒适。

2. 残疾人

残疾人是指身体、智力或精神上存在缺陷的人。这类旅客在高铁旅行中可能会遇到更多的困难，如行动不便、需要特殊设备等。高铁乘务员应该了解残疾人的特殊需求，主动提供必要的帮助和服务。例如，为轮椅旅客提供方便的通行条件，为视力障碍者提供语音导识等。同时，高铁乘务员还应该注意保护残疾人的隐私和尊严，避免不必要的歧视和偏见。

3. 孕妇

孕妇是一类需要特别关注的特殊旅客。由于怀孕期间的生理变化，孕妇在高铁旅行中可能会感到不适或疲劳。高铁乘务员应该主动询问孕妇的需求，提供必要的照顾和帮助。例如，可以为孕妇提供宽敞的座位和舒适的旅行环境，避免过度拥挤和嘈杂的环境对孕妇造成不良影响。同时，高铁乘务员还应该了解基本的孕期保健知识，以便在紧急情况下提供及时的援助。

4. 携带儿童的旅客

携带儿童的旅客也是一类需要特别关注的特殊旅客。儿童由于年龄较小，自我保护能力较弱，需要家长的密切监护和照顾。在高铁旅行中，家长可能会面临照顾孩子的压力和挑战。高铁乘务员应该主动为携带儿童的旅客提供帮助和支持，如提供婴儿车存放服务、协助看管儿童等。同时，高铁乘务员还应该注意儿童的安全问题，避免发生意外伤害事件。

除了上述几类特殊旅客外，还有其他一些特殊旅客也需要高铁乘务员的特别关注。例如，患有严重疾病的旅客、行动不便的肥胖旅客、不会讲中文的外籍旅客等。这些旅客在高铁旅行中可能会遇到各种困难和挑战，需要高铁乘务员提供个性化的服务和帮助。

（二）特殊旅客的需求特点

在高铁旅行中，不同类型的特殊旅客因其自身条件的差异，会面临不同的困难和拥有特殊的需求。了解和识别这些需求，对于高铁乘务工作来说至关重要，这不仅能够提升服务质量，还能够确保旅客的安全和舒适。

1. 老年人旅客的需求特点

老年人由于年龄较大，身体各项机能逐渐衰退，他们在高铁旅行中可能会面临行走不便、反应迟缓等问题。因此，老年人旅客的特殊需求主要体现在以下几个方面：

老年人需要更加平稳、安全的乘车环境。他们通常需要更多的休息时间，对座位的舒适度有较高要求。为了便于老年人行动，车厢内应设置无障碍卫生间、扶手等设施。老年人可能视力不佳，因此需要清晰、大字体的标识和信息指示。

2. 残疾人旅客的需求特点

残疾人由于身体条件的限制，他们在高铁旅行中的需求更为特殊和复杂。

无障碍环境：对于轮椅用户，车厢门、卫生间等需要有无障碍设计，以方便他们的进出和使用。

如盲文标识、语音导识系统、安全带延长器等，这些都是视力障碍或身体其他部分残疾的旅客可能需要的。对于行动不便的旅客，应提供宽敞、便于轮椅停放的座位。

3. 孕妇旅客的需求特点

孕妇在高铁旅行中需要特别的关照和保护。

孕妇需要一个安静、干净、空气流通的乘车环境。车厢内应备有急救箱，乘务员应接受过基本的急救培训，以应对可能的突发状况。应为孕妇提供宽敞、舒适的座位，避免拥挤和长时间站立。

4. 携带儿童旅客的需求特点

携带儿童的旅客在高铁旅行中需要更多的便利和照顾。

车厢内应设有儿童安全座椅、安全带等设施，确保儿童的安全。提供儿童游乐区或儿童读物、玩具等，以缓解儿童在旅途中的无聊和焦躁。设有适合儿童使用的小型卫生间和洗手台。

除了上述几类特殊旅客外，还有其他特殊的旅客，如患有严重疾病的旅客可能需要随时携带药品和医疗设备，需要高铁乘务员提供必要的协助和关注；外籍旅客可能因语言不通而需要额外的帮助等。

不同类型的特殊旅客在高铁旅行中有着不同的困难和特殊需求。高铁乘务员应通过专业培训和实践经验，不断提升自己的服务能力和敏感度，以提供更加周到、细致的服务，确保每一位旅客都能获得安全、舒适的高铁旅行体验。

二、特殊旅客服务要求

（一）婴儿旅客

1. 定义

婴儿旅客通常指年龄在 2 周岁以下的儿童。

微课：特殊情况下的服务技巧和流程

2. 行为特点

（1）生理需求频繁，如需要喂奶、换尿布等，且这些行为没有固定的时间规律。

（2）大部分时间处于睡眠状态，但睡眠容易受到环境因素影响，如噪声、温度等。

（3）行动能力有限，但可能会有哭闹、烦躁等情绪表现，需要家长安抚。

3. 服务要点

（1）设施准备。确保列车上配备有婴儿护理台（如有），并保持其清洁卫生，方便家长为婴儿换尿布等。在车厢内合适位置设置母婴专座，这些座位空间相对宽敞，方便家长照顾婴儿。

（2）信息沟通与协助。主动询问家长是否需要帮助，告知家长列车上的相关设施位置，如卫生间、热水供应处等。提醒家长注意列车运行过程中的安全事项，如在抱婴儿走动时要注意站稳扶好，防止因列车晃动而摔倒。

（3）环境维护。尽量保持车厢内安静的环境，避免因广播音量过大、乘务员或其他旅客喧哗而吵醒婴儿。根据家长的需求，协助调节车厢温度，确保婴儿处于舒适的温度环境中。

（二）儿童旅客（有成人陪伴儿童）

1. 定义

年龄在 2 周岁（含）至 14 周岁以下，且有成人陪同出行的儿童。

2. 行为特点

（1）好奇心强，对列车上的各种设施和环境充满兴趣，喜欢探索和触摸。

（2）精力充沛，但自我控制能力相对较弱，可能在车厢内跑动、玩耍，容易发生危险。

（3）可能对陌生环境存在一定的恐惧或不安，需要成人的陪伴和安抚。

3. 服务要点

（1）安全保障。提醒家长看管好自己的孩子，防止孩子在列车行驶过程中在车厢内奔跑、攀爬座椅或靠近车门、电茶炉等危险区域。在列车进出站、加速减速或通过弯道时，提醒儿童和家长注意站稳扶好。

（2）娱乐与陪伴。如果列车上有适合儿童的娱乐设施（如儿童读物、小玩具等），可以向家长推荐，帮助家长安抚儿童。在巡视车厢过程中，可以与儿童进行简单友好的互动，如微笑、打招呼等，让儿童感受到友好的氛围。

（3）特殊需求满足。关注儿童的饮食需求，如果列车上有餐饮服务，可告知家长适合儿童的餐食选项。若儿童在旅途中有身体不适或其他突发情况，协助家长进行处理，如通过广播寻找医护人员。

（三）儿童旅客（无成人陪伴儿童）

1. 定义

年龄在 5 周岁（含）至 14 周岁以下，单独乘车的儿童。

2. 行为特点

（1）离开家人可能会感到孤独、害怕，缺乏安全感。

（2）由于年龄较小，在处理一些旅途问题（如换乘、上下车等）时可能会遇到困难。

（3）与有成人陪伴的儿童类似，好奇心强但也需要适当的引导和管理，以确保安全。

3. 服务要点

（1）专人照顾与陪伴。列车上安排专门的乘务员负责照顾无成人陪伴儿童，在儿童上车后，及时与儿童沟通，了解其基本信息和需求，让儿童感受到关怀。全程陪伴儿童，在列车运行过程中，与儿童一起活动，如带儿童去卫生间、引导儿童到餐车用餐等，确保儿童的安全。

（2）信息沟通与交接。与车站工作人员做好交接工作，详细了解儿童的行程信息、家长联系方式以及车站工作人员对儿童的特殊交代。在列车到达目的地前，提前与目的地车站工作人员联系，告知无成人陪伴儿童的情况，确保车站工作人员做好迎接准备。

（3）心理安抚与娱乐。多与儿童交流，通过讲故事、玩小游戏等方式缓解儿童的紧张情绪，让儿童在旅途中保持愉快的心情。如果列车上有其他同龄儿童，可以在合适的情况下安排他们一起玩耍，但要注意安全管理。

（四）孕妇旅客

1. 定义

处于妊娠期的女性旅客。

2. 行为特点

（1）身体行动不便，尤其是怀孕后期，可能会有行走缓慢、起身困难等情况。

（2）对环境的舒适度要求较高，如温度、座位的舒适度等，长时间保持一个姿势可能会感到不适。

（3）可能会因旅途劳累、紧张等因素出现身体不适，需要特殊的照顾。

3. 服务要点

（1）座位安排与协助。优先为孕妇安排舒适、宽敞且相对安静的座位，如靠窗或靠近乘务员的座位，方便乘务员随时提供帮助。帮助孕妇上下车，搀扶孕妇行走，特别是在列车晃动或停靠站点时，确保孕妇的安全。

（2）环境调节与关怀。根据孕妇的需求，调节车厢温度和通风，保持空气清新，为孕妇创造舒适的环境。询问孕妇的身体状况，提醒孕妇注意休息，避免长时间站立或劳累。

（3）应急准备。了解孕妇的孕期情况和可能存在的特殊需求，列车上配备基本的急救用品，以备孕妇出现突发情况时使用。如果孕妇在旅途中出现身体不适，如腹痛、头晕等，及时通过广播寻找医护人员，并为孕妇提供安静舒适的休息空间。

（五）老年旅客

1. 定义

通常指年龄在 60 周岁及以上的旅客。

2. 行为特点

（1）身体机能下降，行动迟缓，听力、视力可能有所减退，反应速度较慢。

（2）可能携带较多行李，在搬运行李、上下车等过程中存在困难。

（3）对新环境和新事物的适应能力相对较弱，可能需要更多的引导和帮助。

3. 服务要点

（1）行动协助。主动帮助老年旅客搬运行李，引导老年旅客到座位上，并协助他们放置好行李。在列车进出站、上下车时，搀扶老年旅客，提醒他们注意脚下安全，防止摔倒。特别是在遇到列车与站台之间有间隙或有台阶的情况时，要给予充分的提醒和帮助。

（2）沟通与服务。与老年旅客沟通时，语速要适中，声音要清晰，必要时可适当提高音量，但要注意礼貌。耐心回答老年旅客的问题，对于他们可能提出的多次询问，要保持耐心。关注老年旅客的饮食需求,如果列车上有餐饮服务,为老年旅客提供易消化、适合他们口味的餐食选项。

（3）特殊关怀。定期询问老年旅客的身体状况,若老年旅客有慢性疾病或正在服用药物,提醒他们按时服药。在长途旅行中,建议老年旅客适当活动身体,防止长时间久坐导致身体不适。如果老年旅客在旅途中出现身体不适,如突发疾病等,及时通过广播寻找医护人员,并按照医护人员的指导进行相应的急救处理。

（六）其他旅客

1. 视觉障碍旅客

1）定义

视觉障碍旅客是指由于先天或后天原因,视力存在严重缺陷,影响正常出行和生活的旅客,包括全盲和低视力者。

2）行为特点

（1）行动依赖辅助工具,如盲杖、导盲犬等,行动较为缓慢、谨慎,在陌生环境中可能会有不安感。

（2）对周围环境声音、气味等非视觉信息较为敏感,通过这些信息来感知周围环境变化。

（3）在寻找座位、行李放置、使用设施等操作上需要额外的引导和帮助,对信息获取主要依靠听觉或触觉方式。

3）服务要点

（1）引导与协助。主动询问需求,在引导上车时,使用语言清晰地告知列车方向、车门位置、台阶情况等信息,引导速度要适中,可让旅客手扶自己的手臂,缓慢前行。帮助放置行李,并引导旅客到座位,详细描述座位周边环境,如座位与过道、桌子、窗户的位置关系,告知紧急设备（如灭火器、紧急呼叫按钮）的位置。

（2）信息沟通。与视觉障碍旅客交流时,要先表明自己的身份。在传达信息时,语言表达清晰、简洁,避免使用模糊或有歧义的词汇。对于列车广播信息,可在适当的时候,再次口头向视觉障碍旅客传达重要内容,如列车到站、晚点信息、换乘情况等。

（3）设施使用协助。引导视觉障碍旅客使用卫生间、洗手池等设施,告知其位置、操作方法（如水龙头开关方向、冲水按钮位置等）,如有需要可协助其完成操作。在车厢内行走时,提醒其他旅客注意避让,避免碰撞到视觉障碍旅客和他们的导盲犬（如有）。

2. 听力/语言障碍旅客

1）定义

听力/语言障碍旅客是指存在听力损失影响正常交流,或者因生理或心理原因导致语言表达和理解能力受限的旅客。

2）行为特点

（1）难以通过听觉获取信息，可能更依赖视觉信息，如观察手势、文字、表情等。

（2）在交流过程中可能会有误解或沟通困难，需要通过特殊的沟通方式来表达自己的想法和需求。

（3）对于周围环境变化可能反应稍慢，尤其是在没有视觉提示的情况下（如广播通知相关信息时）。

3）服务要点

（1）沟通方式选择。学习一些简单的手语（如数字、方向、基本需求等相关手语），以便进行初步沟通。同时，准备纸笔等书写工具，通过书写进行详细交流。如果旅客有陪同人员且能够进行正常交流，可通过陪同人员传达信息，但也要注意直接与听力/语言障碍旅客保持一定的沟通。

（2）信息传达强化。对于列车上的重要信息，如列车运行方向、到站信息、安全提示等，除了广播外，采用可视化的方式传达，如在车厢电子显示屏上突出显示，或者准备相关信息卡片递给旅客。在需要引起旅客注意的情况下（如紧急情况或特殊通知），通过轻拍旅客肩膀等适当方式引起注意，然后以手势或文字传达信息。

（3）特殊关注与协助。在旅客有需求时，协助其使用列车上的设施，通过示范或简单的手势指导操作方法。对于需要询问旅客意见或需求的情况（如餐饮选择、座位调整等），耐心沟通，确保理解准确。

3. 精神障碍旅客

1）定义

精神障碍旅客是指患有精神疾病，在认知、情感、意志和行为等方面存在异常，可能影响其在旅途中正常行为和情绪的旅客。

2）行为特点

（1）情绪和行为可能不稳定，容易受到环境因素（如噪声、人群拥挤等）的刺激而产生过激反应。

（2）部分旅客可能存在认知障碍，对周围环境和行程安排理解困难，需要额外的解释和引导。

（3）可能有一些特殊的行为习惯或癖好，与正常旅客不同，需要理解和包容。

3）服务要点

（1）稳定情绪与环境营造。保持冷静、温和的态度，避免对精神障碍旅客产生刺激。为其营造相对安静、舒适的环境，减少外界干扰因素。在发现旅客情绪有波动迹象时，尽量通过温和的语言、舒缓的动作来安抚，如轻声安慰、递上一杯水等。

（2）沟通与理解。与精神障碍旅客交流时，语气要平稳、耐心，使用简单易懂的语言。对于他们可能提出的不合理要求或言论，不要强行反驳，尝试转移话题或委婉引导。如果旅客有陪同人员，与陪同人员密切合作，了解旅客的病情、特殊需求和应对方法，共同保障旅客旅途安全和舒适。

（3）安全防范与应急处理。密切关注精神障碍旅客的行为，防止其做出可能危害自身或其他旅客安全的行为（如靠近车门、破坏设施等）。在车厢内合理安排座位，尽量避免其与其他旅客产生冲突。制定针对精神障碍旅客突发异常行为的应急处理预案，如出现紧急情况，及时采取措施（如隔离、呼叫专业医疗人员等），确保列车运行安全和其他旅客的安全。

4. 行动不便旅客

1）定义

行动不便旅客包括因肢体残疾、受伤或其他原因需要使用轮椅或担架辅助行动的旅客。

2）行为特点

（1）行动严重受限，依赖轮椅或担架移动，在上下车、通过狭窄通道等环节需要特殊的设备和协助。

（2）可能存在身体其他部位的不适或脆弱性，需要在移动过程中特别注意避免造成二次伤害。

（3）对于旅行中的各种设施使用和行程安排可能存在更多的担忧和困难，需要详细的指导和帮助。

3）服务要点

（1）上下车协助。在列车停靠站台时，提前准备好轮椅坡道或其他辅助设备（如升降平台等），确保轮椅旅客或担架旅客能够安全、顺利地上下车。安排足够的工作人员协助，在移动过程中保持旅客身体稳定，注意保护受伤部位（对于担架旅客），避免颠簸和碰撞。

（2）座位安排与空间保障。为行动不便旅客安排宽敞、方便进出的座位，如靠近车门、无障碍设施的位置。确保座位周围没有障碍物，方便轮椅停放和旅客活动。如果旅客携带较多辅助设备（如轮椅、拐杖等），协助其妥善放置，不影响其他旅客通行和车厢正常秩序。

（3）旅途关怀与需求满足。定时询问行动不便旅客的身体状况和需求，如是否需要调整姿势、喝水等。在列车行驶过程中，关注旅客的舒适度，如有需要，协助调整座位或提供靠垫等物品。对于使用担架的旅客，根据医护人员（如有）的建议，做好相应的护理协助工作，如保持担架平稳、协助进行简单的身体检查等。同时，确保在紧急情况下能够迅速、有效地进行救援和转移。

知识拓展

铁路电报分类

1. 特急电报

特急电报（T），指非常紧急的命令、指示，处理重大事故、大事故、人身伤亡事故及敌情的电报。

2. 急报

急报（J），指铁路总公司、部属公司、铁路局的紧急命令、指示，时间紧迫的会议通知，列车改点、变更到站和收货人、车辆甩挂、超限货物运行及行车设备施工、停用、开通、限速的电报、国际公务电报及其他时间紧迫的电报。

3. 限时电报

限时电报（X）指限定时间到达的电报。根据需要与可能由用户与电报所商定，在附注栏内填记送交收电单位的时间，如限时 8:30，应写"XS8:30"。

4. 列车电报

列车电报（L），指处理列车业务，必须在列车到达以前或在列车到达当时送交用户的电报。

5. 银行汇款电报

银行汇款电报（K），指银行办理铁路汇款业务，按急报处理。

6. 普通电报

普通电报（P），指上述 5 类以外的电报。

列车电报发报权限为出差和执行各项乘务工作的负责人员，旅客列车列车长（加盖列车长名章）和执行各项列车乘务工作的负责人员。执行列车乘务工作的负责人，在同一区段内不得重复拍发同一内容的电报。临时列车乘务工作负责人拍发电报时，应写明经由区间，并在附注栏内注明本次列车在发报站的开车时间。

【任务实施】

本任务的实施要求如表 5-1-1 所示。此任务旨在让学生更好地理解特殊旅客的需求，提升服务质量和职业素养。

表 5-1-1　任务实施要求

项目	实施要求
任务分组	☆ 以小组进行活动，每组至少包含 3 名学生，以模拟服务提供方（如航空公司或机场服务人员）和特殊旅客； ☆ 每个小组需指定一名组长，负责协调和分配组内任务，确保每位成员都能参与到服务
实施场所	☆ 实训室或服务模拟场地； ☆ 提供一个可以模拟高铁或动车服务环境的场所，包括候车区、检票口等关键区域
场景要求	☆ 教师应准备关于特殊旅客服务的详细资料，涵盖各类特殊旅客的需求和服务流程； ☆ 学生需模拟服务提供方，针对不同类型的特殊旅客（如老年人、残疾人、孕妇、无人陪伴儿童等）提供专业化、人性化的服务； ☆ 场景设置应包括正常情况下的特殊旅客服务流程，以及应对突发情况的处理（如特殊旅客突发疾病、情绪失控等）
任务考核	☆ 评估学生在模拟服务中的表现，包括服务态度、服务流程的规范性、对特殊旅客需求的敏感度等

【评价考核】

本任务的评价考核标准如表 5-1-2 所示。

表 5-1-2　任务评价考核标准

序号	评分项目	扣分点	备注
1	仪容仪表（10%）	未按规定着装； 标志佩戴不正确	出现以下问题判不合格： （1）小组中有两人以上缺席演练； （2）严重扰乱课堂秩序； （3）有其他触及岗位红线的行为
2	文明用语（10%）	使用不文明、不礼貌或冒犯性的语言； 沟通时语气不当，如过于生硬、冷漠或粗鲁	
3	演练纪律（20%）	演练过程中不遵守规定流程或步骤； 迟到、早退或无故缺席演练； 在演练中嬉戏打闹、不认真对待	
4	自我评价（10%）	自我评价过于夸大或不切实际； 未能准确识别自身在演练中的优点与不足； 缺乏自我反思和改进的意愿	
5	作业规范（50%）	作业内容不完整、不准确或存在错误； 未按照规定的格式或标准完成作业； 作业提交不及时或存在抄袭现象	
	合计		

【归纳总结】

完成本任务学习之后,请认真进行归纳总结,填写表 5-1-3。

表 5-1-3 任务总结

任务名称:		日期:	
专业:		班级:	姓名:
索引区域 (对本任务所学内容进行要点提炼)		笔记区域 (记录本任务中的重点、难点和中心思想,对未掌握部分进行梳理)	
总结区域 (对本任务所学内容进行归纳总结)			

【知识练兵场】

一、选择题（多选）

1. 特殊旅客服务原则有（　　）。
   A. 以人为本
   B. 平等尊重
   C. 安全优先

2. 孕妇旅客可能有（　　）需求。
   A. 音量大声
   B. 环境安静
   C. 耐心服务
   D. 紧急医疗

3. 老年旅客可能有（　　）需求。
   A. 音量大声
   B. 环境安静
   C. 耐心服务
   D. 紧急医疗

4. 对旅客携带的超重、超大物品的价值低于运费时，可按物品价值的（　　）核收运费。
   A. 20%
   B. 30%
   C. 40%
   D. 50%

5. 列车乘务员在清理卫生时，清扫工具不触碰（　　）。挪动旅客物品时，征得旅客同意。需要踩踏座席时，戴鞋套或使用垫布。占用洗脸间洗漱时，礼让旅客。
   A. 旅客
   B. 携带品
   C. 旅客及携带物品
   D. 座席

二、判断题

1. 在旅客运输服务过程中，努力实现旅客旅行安全心理要求，这是所有客运乘务员的首要工作。（　　）

2. 方便的需要体现在购票、进出站、上下车以及中转乘车等方面的便捷性。（　　）

3. 经济心理表现在旅行需要的满足程度与所付出的费用和时间相比较，希望在一定的需要满足程度之下，所付出的费用和时间最少，但旅客在乘车旅行中对经济性的考虑，

一般是将两个因素结合在一起。（　　）

4. 在嘈杂的环境中，尽量保持安宁，减少喧哗，动中求静，这是人之常情，是大多数旅客的共同心理需求，尤其是在人较多的候车室和车厢内，要求更为迫切。（　　）

5. 受尊重是人的正当需要。每一位旅客都希望自己的人格、习俗、信仰、愿望受到客运乘务员的尊重，能看到热情的笑脸，听到友善的话语，体验到铁路这个临时大家庭的温暖。（　　）

任务二　紧急情况下的服务

【任务情景】

动车组列车在行驶过程中突然遇到了紧急情况,需要紧急制动并疏散乘客。作为一名新晋列车管理人员,你迅速而冷静地做出了应对。你立即召集乘务组,简明扼要地说明了情况并分配任务。列车长负责与司机紧密沟通,了解具体情况并广播通知乘客保持冷静,按照乘务员的指示行动。乘务员们则迅速到各个车厢,指导乘客如何正确使用安全设备,并有序地引导乘客前往安全区域。安全员负责检查车厢内是否有遗漏的乘客,并确保所有乘客都已安全撤离。在整个紧急疏散过程中,你与乘务组保持紧密沟通,时刻掌握情况并作出调整。最终,在所有乘务组成员的共同努力下,乘客们安全有序地撤离了列车。这次紧急情况下的服务让你深刻体会到了乘务组团队协作和应急处理能力的重要性。

【任务目标】

学习目标:

☆ 全面了解列车可能遇到的紧急情况及相应的措施。
☆ 掌握在紧急情况下为乘客提供有效服务和安全保障的基本知识。

技能目标:

☆ 能够在紧急情况下迅速、准确地采取应对措施,包括疏散乘客、使用紧急设备等。
☆ 熟练掌握与乘客沟通的技巧,以稳定乘客情绪并提供必要的指导和帮助。

素养目标:

☆ 培养冷静、沉着的心态,能够在紧急情况下保持理智并有效应对。
☆ 提升对乘客生命安全的责任感和使命感,确保在紧急情况下为乘客提供最大程度的保护。
☆ 加强团队协作精神,与同事紧密配合,共同面对紧急情况带来的挑战。

高铁之窗

紧急情况下的勇敢担当——记 XX 次列车乘务组应对突发状况

某日晚间,从 E 市开往 F 市的××次列车上,突然有一位乘客李先生突发心脏病,情况十分危急。列车长张强(化名)和乘务员赵婷(化名)迅速响应,启动了紧急预案。

张强立即通过广播寻找车上的医务人员,并同时联系前方站点,请求 120 急救车待命。赵婷则迅速取来列车上的急救箱,对李先生进行初步的急救措施,稳定其病情。幸运的是,车上有一位退休的医生乘客听到广播后迅速赶来协助。在医生的指导下,赵婷为李先生服用了急救药物,并持续监测其生命体征。列车很快到达前方站点,120 急救人员已经在站台上等候。在张强和赵婷的协助下,李先生被迅速送往医院救治。事后,李先生的家属对乘务组的及时救助表示衷心的感谢。张强和赵婷则表示,作为铁路工作人员,他们只是做了自己应该做的事。

案例分析:

勇于担当:在紧急情况下,张强和赵婷没有慌乱,而是迅速启动紧急预案,展现了勇于担当的精神。这种精神是思政教育中的重要内容,也是社会主义核心价值观的生动体现。

团结协作:在救助过程中,张强、赵婷和车上的退休医生紧密配合,共同面对紧急情况,体现了团结协作的精神。这种精神是构建和谐社会的重要基石。

生命至上:乘务组在面对乘客突发疾病时,始终把乘客的生命安全放在第一位,全力以赴进行救助,体现了生命至上的价值观。这也是思政教育的重要目标之一。

通过××次列车乘务组在紧急情况下的处置行为,我们看到了勇于担当、团结协作和生命至上等思政要素的重要性。这些品质不仅关乎个人的道德修养和职业发展,更是构建和谐社会的关键因素。我们应该向他们学习,将这些品质内化于心、外化于行,共同为社会的和谐稳定贡献力量。

【知识链接】

一、紧急情况的概述

在高铁运营中,紧急情况是指那些突然发生、可能对人员安全、列车运行或铁路设施造成重大威胁或损害的事件。这些事件要求迅速、准确和有效的应对措施，以最大程度地减少潜在的风险和损失。紧急情况可以根据其性质和来源进行分类，主要包括自然灾害、技术故障和人为因素。

（一）自然灾害

自然灾害是由自然力量引起的灾害性事件，它们通常具有不可预测性、突发性和广泛的影响力。在高铁运营中，常见的自然灾害包括地震和洪水。

（1）地震：地震是由于地壳内部应力积累到一定程度后突然释放而引起的自然现象。对于高铁线路来说，地震可能导致轨道变形、桥梁坍塌、隧道塌方等严重后果。地震波传播速度快，破坏力巨大，因此要求高铁乘务员和相关工作人员具备高度的应急反应能力和专业知识。在地震发生时，乘务员需要迅速采取紧急制动措施，确保列车安全停稳，并引导乘客有序疏散到安全区域。

（2）洪水：洪水通常是由暴雨、融雪或水库溃坝等原因引起的水流泛滥现象。对于高铁线路来说，洪水可能淹没铁轨、冲毁路基，导致列车无法正常运行。洪水灾害具有区域性和季节性特点，因此要求高铁运营部门密切关注气象预报和水文信息，及时采取应对措施。在洪水灾害面前，乘务员需要密切关注路况信息，与调度中心保持紧密沟通，确保列车能够安全避让洪水区域。同时，乘务员还需做好乘客的安抚工作，解释情况并引导乘客采取必要的防护措施。

（二）技术故障

技术故障是指由于设备老化、操作不当或设计缺陷等原因导致的机械、电气或信号系统故障。在高铁运营中，常见的技术故障包括列车故障和信号系统失灵。

（1）列车故障：列车故障可能涉及动力系统、制动系统、车门控制系统等关键部件的失效。这类故障可能导致列车无法正常运行或造成安全隐患。乘务员在发现列车故障时，应立即报告调度中心并采取相应的应急措施，如启动备用系统、疏散乘客等。同时，高铁运营部门应建立完善的设备维修和保养制度，确保列车设备的可靠性和安全性。

（2）信号系统失灵：信号系统是确保列车安全、高效运行的关键设施之一。当信号系统失灵时，列车可能无法准确判断前方路况和障碍物情况，从而增加事故风险。在信号系统失灵的紧急情况下，乘务员应与调度中心和车站工作人员保持紧密沟通，按照预定的应急预案进行操作。高铁运营部门应加强对信号系统的维护和升级工作，提高其稳定性和可靠性。

（三）人为因素

人为因素是指由于人为错误、恶意行为或突发事件等原因导致的紧急情况。在高铁运营中，常见的人为因素包括恐怖袭击和乘客突发疾病。

（1）恐怖袭击：恐怖袭击是一种极端的暴力行为，可能对高铁列车和乘客造成严重的伤害和破坏。在恐怖袭击事件发生时，乘务员应保持冷静并立即启动紧急预案，与车站工作人员、安全人员和警方紧密合作，确保乘客的安全疏散和救援工作的顺利进行。同时，高铁运营部门应加强对车站和列车的安全防范措施，提高反恐意识和应对能力。

微课：紧急情况下的服务

（2）乘客突发疾病：乘客在列车上突发疾病也是一种常见的人为因素紧急情况。乘务员在发现乘客突发疾病时，应立即采取救助措施并报告调度中心请求医疗支援。同时，乘务员还应协助其他乘客保持镇静并有序疏散到安全区域以避免恐慌和混乱。为应对乘客突发疾病等紧急情况，高铁运营部门应配备必要的急救设备和药品，并定期对乘务员进行急救知识和技能培训。

知识拓展

应急处理案例

2017年12月19日，在由厦门北开往上海虹桥的G1654次列车上，一名男孩意外弄伤左脚。列车长在得知情况后，立即通过广播寻求旅客中的医护人员为男孩做伤口包扎，并联系该乘客所到站（上海虹桥站）提供救助服务。在列车乘务员的接力帮助下，受伤男孩与家人顺利乘坐上回家的出租车。

应急处理：

1. 列车长

立即赶赴现场处置，将情况报告客运段值班干部；采取积极措施，广播寻医进行初步救治，联系公安乘警共同处理；现场查验时，应全面收集、梳理相关证据资料，检查旅客车票，收集不少于两份同行人或见证人的证言、证据材料。

2. 列车乘务员

经红十字救护员培训合格的列车乘务员在"120"急救人员专业救治到来之前，对伤员进行初步救治；维护现场秩序，及时疏导旅客。

3. 站车交接

列车长收集证据材料后，编写客运记录，与上海虹桥车站办理交接。

二、紧急情况下的应急与急救

在动车组运行过程中，乘务员肩负着保障旅客安全的重要责任。由于列车运行环境的特殊性，在旅途中可能会遇到各种突发紧急状况，而乘务员掌握基本的应急与急救知识对于保障旅客生命安全至关重要。这不仅能在关键时刻挽救旅客的生命，还能为后续的医疗救援争取宝贵的时间，减少伤亡和损失。

（一）应急与急救准备

1. 急救知识培训与更新

乘务员应定期接受全面且深入的急救知识培训，包括理论学习和实践操作。培训内容涵盖各种常见紧急情况的识别、急救方法的原理和步骤、不同年龄段和身体状况旅客的特殊处理等。同时，要关注急救领域的新知识、新技术，及时更新培训内容，确保乘务员掌握最新、最有效的急救技能。

2. 急救设备与药品配备及维护

1）急救设备配备

动车组上应配备完善的急救设备，如自动体外除颤器（AED）、急救担架、便携式氧气瓶等。AED是应对心脏骤停的关键设备，其操作简单且能有效提高心脏骤停患者的生存率。急救担架应便于携带和使用，用于在需要转移受伤旅客时保障其安全。便携式氧气瓶则可在旅客呼吸困难或缺氧时提供临时的氧气支持。

此外，还应配备足够数量的急救箱，均匀分布在列车各车厢。急救箱内的物品应齐全且定期检查和更新，包括不同型号的绷带（如弹性绷带、纱布绷带），用于包扎伤口、止血和固定骨折部位；消毒棉球、碘伏、酒精等消毒用品，用于清洁伤口、防止感染；一次性手套、口罩和护目镜，保护施救者免受血液、体液等污染；医用剪刀、镊子，便于处理伤口和移除异物；各类尺寸的创可贴、伤口敷料，应对小型伤口；还有三角巾，可用于包扎头部、肩部、胸部等部位的伤口或作为临时固定器具。

2）急救药品配备

配备常用急救药品，如阿司匹林，在怀疑旅客有心肌梗死症状时可按医嘱使用，有助于缓解病情；肾上腺素自动注射器，用于应对严重过敏反应；晕车药、退烧药、感冒药等，以缓解旅客常见的不适症状；硝酸甘油，对于有心脏病史的旅客出现心绞痛时可舌下含服，缓解胸痛症状。同时，要确保药品在有效期内，并按照药品储存要求妥善保存。

3）设备与药品的维护与检查

建立严格的急救设备和药品管理制度。指定专人负责定期对所有急救设备和药品进行检查、维护和更新。对于AED，要检查电池电量、电极片有效期和设备功能是否正常；急救担架要检查其结构完整性和活动部件的灵活性；氧气瓶要检查氧气压力和阀门是否正常。对于药品，要核对名称、数量、有效期，及时更换过期或即将过期的药品。每次检查都要记录详细信息，包括检查日期、检查人员、设备和药品的状态等，确保在紧急情况下所有急救资源都能正常使用。

（二）常见紧急状况及应对措施

1. 呼吸骤停——人工呼吸

1）适用情况

当旅客出现呼吸骤停，如溺水、触电、中毒、窒息等原因导致呼吸停止时，可使用人工呼吸进行急救。需要注意的是，在实施人工呼吸前，要迅速判断现场环境是否安全，避免在危险区域（如靠近火源、漏电区域、有毒气体泄漏处等）进行急救，以免造成更多人员伤亡。同时，也要考虑旅客是否存在其他严重创伤，如颈椎骨折等，若有特殊情况需调整急救方法。

2）操作步骤

（1）现场评估与准备。

确保现场环境安全后，将旅客仰卧在硬板上或地面上，这是因为在柔软的床垫等表面进行急救可能会影响按压效果。解开其领口、领带、腰带等束缚物，以利于呼吸顺畅。同时，要注意保护旅客的隐私，尽量避免不必要的暴露。在解开衣物时，动作要轻柔，避免过度拉扯造成旅客不适或损伤。

（2）开放气道。

① 仔细清理旅客口腔和鼻腔内的异物，如痰液、呕吐物、食物残渣等。可使用手指缠上纱布或手帕（若有条件），将异物抠出，但要注意避免将异物推向深处。在清理过程中，动作要轻柔、迅速，防止对旅客造成二次伤害。若异物较多或难以清理，可尝试将旅客头部偏向一侧，让异物自然流出。

② 采用仰头抬颌法开放气道，即一手置于旅客前额，用力下压，使头部后仰；另一手的食指和中指置于下颌骨近下颏角处，将下颌抬起。这样可使舌根离开咽后壁，保持气道通畅。操作时要注意力度适中，避免过度后仰导致颈椎损伤。对于有颈椎损伤怀疑的旅客，可采用双下颌上提法，即双手置于旅客头部两侧，握住下颌角，向上、向前抬起下颌，保持气道开放，同时避免头部过度后仰。

（3）进行人工呼吸。

① 施救者用按在旅客前额的手的拇指和食指捏住其鼻翼，防止吹气时气体从鼻腔漏出。

② 施救者深吸一口气后，用自己的双唇严密地包住旅客的口唇，缓慢而持续地吹气，吹气时间约为 1~1.5 s，观察到旅客胸廓有明显起伏即可。吹气频率为每分钟 10~12 次。在吹气过程中，要注意观察旅客的胸廓起伏情况，若起伏不明显，可能是气道未完全打开或吹气方法不当，需要及时调整。如果吹气时感觉阻力较大，要重新检查气道是否通畅。同时，每次吹气后应让旅客胸廓自然回缩，再进行下一次吹气。

2. 心脏骤停——心肺复苏（CPR）

1）适用情况

心肺复苏适用于心脏骤停的情况，常见原因包括心脏病发作、严重创伤、溺水、电击等。当旅客突然失去意识、无脉搏且无呼吸（或仅有濒死叹息样呼吸）时，应立即实施心肺复苏。心肺复苏是一种争分夺秒的急救措施，每延迟一分钟，患者的生存率就会显著降低。研究表明，在心脏骤停后的 4~6 min 内是急救的黄金时间，因此乘务员必须迅速做出反应。

2）操作步骤

（1）判断意识和呼吸。

轻拍旅客双肩并在其耳边大声呼喊："您怎么了？"观察其有无反应。同时，观察旅客胸部有无起伏，判断是否有呼吸，时间为 5~10 s。在判断过程中，要保持冷静，准确判断，避免误判。若周围环境嘈杂，可将耳朵贴近旅客口鼻处感受气流，同时观察胸部起伏。

（2）启动急救系统并呼叫。

如果确定旅客无意识且无呼吸，立即让周围人呼叫列车长，并通过列车广播寻找医护人员。同时，指定专人拨打当地急救电话（如果有条件），报告列车位置和旅客情况。在呼叫过程中，要清晰准确地传达信息，包括列车的车次、当前位置（可通过最近的车站、地标等信息描述）以及旅客的大致情况。如果列车上有通信设备可直接与车站或调度中心联系，及时汇报，以便车站做好应急准备。

（3）胸外按压。

将旅客仰卧在硬板上，解开上衣，暴露胸部，便于准确找到按压部位。若旅客穿着多层衣物，可适当解开或掀起外层衣物。施救者位于旅客一侧，两手掌根部重叠，十指相扣，掌心翘起，双臂伸直，利用上半身重量垂直下压。按压部位为两乳头连线中点，按压深度至少 5 cm，但不超过 6 cm，按压频率为每分钟 100~120 次。按压过程中尽量减少中断，每 30 次胸外按压后进行 2 次人工呼吸，如此反复进行，直到专业急救人员到达或旅客恢复自主呼吸和心跳。在进行胸外按压时，要注意姿势正确，力量均匀、稳定，避免用力过猛导致肋骨骨折等并发症。按压时，肩膀应在手部正上方，以保证垂直向下的力量。每次按压后，要确保胸廓完全回弹，这样才能保证心脏充分充血。

3. 气道梗阻——海姆立克急救法

1）适用情况

用于抢救因各种异物阻塞气道而引起的窒息，尤其适用于儿童和成人在进食过程中突然发生的气道梗阻。气道梗阻可能导致严重的缺氧，若不及时处理，几分钟内就可能危及生命。异物可能是食物（如坚果、糖果等）、小物件（如硬币、玩具零件等）等，梗阻情况可能是完全梗阻（无法呼吸、不能发声）或部分梗阻（呼吸困难、咳嗽无力）。

2）操作步骤（成人和一岁以上儿童）

（1）站立姿势与定位。

施救者站在旅客身后，双脚前后分开，前脚距离旅客约一脚宽，后脚脚跟踮起，使旅客坐在自己弓起的大腿上，保持旅客身体前倾、头部略低、嘴巴张开的状态。这样的姿势有利于异物在冲击下排出气道。同时，要确保自己的身体稳定，防止在实施急救过程中摔倒。

（2）手部动作与实施。

① 施救者双臂环绕旅客腹部，一手握拳，拇指顶住旅客肚脐上方两横指处、剑突下方，另一手抓住握拳的手。

② 利用手部力量，通过急速拉动双臂，迅速、有力地向内、向上冲击旅客上腹部，约每秒 1 次。重复动作直至异物排出或旅客恢复呼吸。在实施过程中，要注意冲击的力度和方向，避免对旅客腹部脏器造成损伤。如果一次冲击没有效果，可重复多次，但如果旅客情况恶化或失去意识，应立即停止并采取心肺复苏等其他急救措施。

3）操作步骤（一岁以下婴儿）

（1）固定与支撑。

将婴儿面朝下，放在手臂上，用手支撑头部和颈部，保持头部略低于身体。用另一只手的掌根在婴儿背部两肩胛骨之间拍击 5 次。拍击时要注意控制力度，避免伤害婴儿的脊柱和内脏。拍击动作要干脆利落，利用手腕的力量。

（3）翻转与按压。

将婴儿翻正，在两乳头连线中点处，用两手指快速按压 5 次。交替进行拍击和按压动作，直至异物排出或婴儿恢复呼吸。整个过程要动作轻柔、迅速，同时密切观察婴儿的面色、呼吸等情况。若婴儿面色发紫、呼吸停止，应立即进行心肺复苏。

（三）特殊情况的急救处理

1. 创伤出血

1）出血类型判断

首先，要判断出血的类型，主要包括动脉出血、静脉出血和毛细血管出血。动脉出血表现为血液呈喷射状，颜色鲜红，出血速度快，出血量较大；静脉出血血液呈暗红色，持续流出；毛细血管出血则是血液从伤口缓慢渗出。不同类型的出血需要不同的处理方法。

2）止血方法

（1）直接压迫止血法：对于较小的伤口出血，可使用干净的纱布、手帕或毛巾等直接按压在伤口上，施加适当压力，保持按压时间足够长（一般为 15～20 min），直到出血停止。在按压过程中不要频繁松开查看，以免影响止血效果。

（2）加压包扎止血法：当伤口较大或直接压迫止血效果不佳时，可在伤口处覆盖多层纱布或敷料，然后用绷带或布条等进行包扎，适当加压以止血。包扎时要注意力度适中，避免过紧影响血液循环或过松导致止血无效。同时，要注意包扎的方向和方法，尽量使绷带平整，不产生皱褶。

（3）止血带止血法：对于四肢较大动脉出血，当其他止血方法无效时可使用止血带。但要注意选择合适的止血带材料（如橡胶止血带、布条等），在上臂或大腿的上 1/3 处（靠近心脏端）绑扎。绑扎前要在止血带下方垫一层柔软的布料，避免损伤皮肤。绑扎时要注意记录时间，每隔 1 h 左右松开止血带 1~2 min，以防止肢体缺血坏死，但松开时间不宜过长，以免再次大量出血。

2. 骨折与关节脱位

1）骨折判断

骨折时，旅客通常会感到剧烈疼痛，受伤部位可能出现肿胀、畸形、活动受限等症状。对于开放性骨折，还可见到骨折断端外露。如果怀疑旅客骨折，不要轻易移动受伤部位，以免加重损伤。

2）临时固定措施

（1）骨折固定材料选择：可使用夹板、树枝、杂志、硬纸板等作为临时固定材料。如果没有合适的材料，也可将受伤肢体与健侧肢体固定在一起。

（2）固定方法：对于上肢骨折，可将夹板或其他固定材料置于骨折部位两侧，用绷带或布条等固定，固定时要包括骨折部位上下两个关节。对于下肢骨折，同样要固定骨折部位上下关节，如小腿骨折要固定膝关节和踝关节。固定后要检查肢体的血液循环情况，如观察手指或脚趾的颜色、温度和感觉，若发现肢体肿胀、麻木、皮肤颜色发紫等情况，可能是固定过紧，需要适当调整。

3）关节脱位处理

关节脱位时，受伤关节会疼痛、肿胀、畸形且活动受限。对于脱位关节，不要尝试自行复位，以免造成更大的损伤。可使用三角巾或绷带等将脱位关节固定在相对舒适的位置，减少活动，等待专业医疗人员处理。

3. 烧伤与烫伤

1）烧伤烫伤程度判断

一般根据烧伤或烫伤的深度和面积来判断严重程度。一度烧伤表现为皮肤发红、疼痛，无水疱；二度烧伤分为浅二度（有水疱，疱皮较薄，基底潮红，剧痛）和深二度（水疱较小或较扁薄，疱皮较厚，基底红白相间，疼痛较迟钝）；三度烧伤则是皮肤全层受损，呈皮革样，甚至可见肌肉、骨骼，疼痛不明显。烧伤或烫伤面积可使用手掌法估算（患者本人手掌面积约为体表面积的 1%）。

2）急救处理

（1）冲淋降温：对于烧伤或烫伤部位，应立即用流动的凉水冲洗 15～30 min，降低局部温度，减轻疼痛和损伤。但要注意避免用冰块直接接触皮肤，以免造成冻伤。

（2）脱去受伤部位衣物：在冲洗后，小心脱去受伤部位的衣物，但如果衣物与皮肤粘连，不要强行撕扯，以免加重创伤。可剪开衣物，尽量保留与皮肤相连的部分。

（3）覆盖伤口：用干净的纱布、毛巾或床单等覆盖伤口，避免感染。不要涂抹牙膏、酱油等物质，以免影响医生对烧伤程度的判断。

（4）处理水疱（如果有）：对于小水疱，一般不需要特殊处理，保持水疱完整，避免破裂感染。对于大水疱或影响活动的水疱，可在消毒后用无菌注射器抽出疱液，但要保留疱皮。

4. 癫痫发作

1）癫痫发作表现

癫痫发作时旅客可能突然失去意识，全身强直阵挛发作（表现为四肢抽搐、牙关紧闭、口吐白沫等），也可能有局部肌肉抽搐、短暂失神等不同类型的发作形式。

2）急救处理

（1）保护旅客安全：当发现旅客癫痫发作，应立即将周围的物品移开，避免旅客在抽搐过程中受伤。不要强行按压旅客的肢体，以免造成骨折或其他损伤。

（2）保持呼吸道通畅：将旅客头部偏向一侧，防止口腔分泌物或呕吐物堵塞气道。如果口腔内有异物，可在确保安全的情况下，用纱布或手帕缠在手指上，将异物取出。

（3）观察发作情况：记录癫痫发作的时间、症状等信息，在发作结束后，让旅客在原地休息，安慰旅客，待其恢复意识后，询问其是否有不适或是否需要医疗帮助。如果癫痫发作持续时间较长（超过 5 min）或频繁发作，应立即呼叫急救人员。

在实施急救过程中，乘务员要保持冷静，操作准确、迅速。同时，要注意观察旅客的情况变化，若情况好转或恶化，都应及时调整急救措施。急救结束后，为后续的医疗救治提供详细的信息，如旅客的症状、急救过程等，以协助专业医疗人员进行进一步的诊断和治疗。此外，乘务员应定期参加急救培训和演练，不断提高急救技能水平。在列车上，还应配备必要的急救设备和药品，并确保其处于良好的备用状态，如急救箱（内有绷带、消毒棉球、创可贴等）、自动体外除颤器（AED）等，以便在急救过程中能够更好地应对各种情况。

同时，对于不同年龄段、不同身体状况的旅客，急救方法可能需要适当调整。例如，对于老年人，由于其骨骼较为脆弱，在进行胸外按压时要更加谨慎，避免骨折；对于孕妇，按压部位和力度也需要特殊考虑。乘务员需要在培训中深入学习这些特殊情况的处理方法，以提高急救的有效性和安全性。在急救过程中，如果周围有其他旅客可以协助，可合理安排他们帮忙，如拨打急救电话、寻找急救设备、维持现场秩序等，确保急救工作能够顺利进行。

知识拓展

旅客发生急病或死亡的处理

持有车票的旅客和无票人员,在车站、列车上发生急病、死亡时,按国务院批转铁道部制定的《旅客丢失车票和发生急病、死亡处理办法》规定处理。

(1)当持有车票的旅客在列车上发生急病时,列车长应填写客运记录,送交市、县所在地的车站或较大站转送定点医院、传染病医院或其他地方医院治疗。

(2)旅客因病治疗产生的医疗费由旅客自己承担。

(3)当旅客在列车上死亡时,列车长应填写客运记录,会同公安人员,将尸体和死者遗物交给市、县所在地的车站或较大的车站,接收站按照在车站死亡时办理。

(4)对死者的遗物妥善保管,待死者家属或工作单位前来认领时一并交还。旅客死后所需的费用,先由铁路部门垫付,事后向其家属或工作单位索还。如死者家属无力负担或无人认领,铁路可在"旅客保险"项下列支。

(5)当没有车票的人员,在列车上发生急病或者死亡时,由铁路部门负责处理。

【任务实施】

本任务的实施要求如表 5-2-1 所示。此任务旨在让学生更好地了解在紧急情况下应如何迅速、有效地采取行动,确保乘客的安全。

表 5-2-1 任务实施要求

项目	实施要求
任务分组	☆ 以小组进行活动,每组至少包含 4 名学生,其中至少 1 名学生扮演紧急情况下的受害者或受伤乘客,其余学生扮演服务人员和其他乘客; ☆ 每个小组需指定一名组长,负责协调和分配组内任务,确保每位成员都能明确自己的角色和职责
实施场所	☆ 紧急疏散模拟场地或具有模拟紧急情况功能的实训室; ☆ 提供一个可以模拟紧急情况(如火警、机械故障等)的场所,包括紧急出口、疏散通道等关键设施
场景要求	☆ 教师应准备关于紧急情况下的服务流程和应对措施的资料,涵盖疏散、急救、安抚乘客等方面的知识; ☆ 学生需模拟服务人员,在紧急情况下迅速、准确地执行紧急疏散程序,协助乘客安全撤离,并进行必要的急救措施; ☆ 场景设置应包括不同类型的紧急情况(如火灾、机械故障导致紧急迫降等),并模拟乘客在紧急情况下的各种反应
任务考核	☆ 评估学生在模拟紧急情况中的表现,包括反应速度、疏散程序的执行、急救措施的准确性等

【评价考核】

本任务的评价考核标准如表 5-2-2 所示。

表 5-2-2　任务评价考核标准

序号	评分项目	扣分点	备注
1	仪容仪表（10%）	未按规定着装； 标志佩戴不正确	出现以下问题判不合格： （1）小组中有两人以上缺席演练； （2）严重扰乱课堂秩序； （3）有其他触及岗位红线的行为
2	文明用语（10%）	使用不文明、不礼貌或冒犯性的语言； 沟通时语气不当，如过于生硬、冷漠或粗鲁	
3	演练纪律（20%）	演练过程中不遵守规定流程或步骤； 迟到、早退或无故缺席演练； 在演练中嬉戏打闹、不认真对待	
4	自我评价（10%）	自我评价过于夸大或不切实际； 未能准确识别自身在演练中的优点与不足； 缺乏自我反思和改进的意愿	
5	作业规范（50%）	作业内容不完整、不准确或存在错误； 未按照规定的格式或标准完成作业； 作业提交不及时或存在抄袭现象	
	合计		

【归纳总结】

完成本任务学习之后，请认真进行归纳总结，填写表 5-2-3。

表 5-2-3　任务总结

任务名称：		日期：	
专业：	班级：		姓名：
索引区域 （对本任务所学内容进行要点提炼）	笔记区域 （记录本任务中的重点、难点和中心思想，对未掌握部分进行梳理）		
总结区域 （对本任务所学内容进行归纳总结）			

【知识练兵场】

一、选择题

1. 动车组列车运行至终到站时车内无垃圾、（　　）、异味。垃圾装袋、封口、无渗漏，到站定点投放。

　　A. 饮料瓶、废纸

　　B. 污水、粪便

　　C. 杂物、水迹

　　D. 纸屑、果皮

2. 运价里程为 2 125 km 的通票，其有效期为（　　）天。

　　A. 2

　　B. 3

　　C. 4

　　D. 5

3. 《管规》规定，清扫时，（　　）碰触旅客、物品。

　　A. 清扫工具不得

　　B. 清扫工具可以

　　C. 可以随意

　　D. 不可以随意

4. 铁路旅客人身伤害事故责任为旅客自身责任的是（　　）。

　　A. 因误售、误购不停车站车票造成旅客跳车

　　B. 列车上有人打架斗殴造成旅客伤害

　　C. 从列车反面自行打开车门锁上车造成伤害

　　D. 石击列车玻璃造成旅客伤害

5. 为了维护铁路旅客运输的（　　）秩序，保护铁路旅客运输合同各方当事人的合法权益，依据《中华人民共和国铁路法》制定铁路旅客运输规程。

　　A. 良好

　　B. 正常

　　C. 安全

　　D. 稳定

二、判断题

1. 退乘将旁证材料、客运记录、处置经过书面材料交客运段业务科室和车队。（　　）

2. 国家铁路的旅客票价率和行李包裹运价率由国务院铁路主管部门拟定，报国务院批准。（　　）

3. 动车组洗脸间应备有洗衣液、擦手纸（或干手器）。（　　）

4. 动车组乘务员面对旅客问询时，面向旅客站立（工作人员办理业务时除外），目视旅客，有问必答，回答确切，解释耐心。（　　）

5. 动车组列车免费携带品的体积，每件物品的外部尺寸长、宽、高之和不超过130 cm。（　　）

三、填空题

1. 旅客发生急病和人身伤害事故的处理信息报告采用电话或沿车厢传递方法、_____、_____，安抚伤病患者及同行人情绪。

2. 旅客发生急病和人身伤害事故的处理——赶赴现场。列车长迅速赶到现场、了解情况、查看伤情、病情、_____。

3. 旅客发生急病和人身伤害事故的处理——迅速救治。需要配合医务身份旅客进行简易救治，如危及生命，向客运段值班室、上级客调报告，请求临时停车，说明时间、地点、列车运行区间、旅客伤病情况、受伤旅客人数，将患者移至_____，疏散周围旅客。

4. 旅客发生急病和人身伤害事故的处理。登记医生身份、_____、伤病患者及同行人情况。

参考文献

[1] 兰云飞，何萍. 高速铁路客运组织 [M]. 北京：北京交通大学出版社，2017.

[2] 王慧，马海漫. 高速铁路动车乘务实务（第2版）[M]. 成都：西南交大出版社，2019.

[3] 王慧，祖晓东. 高铁乘务安全管理与应急处置 [M]. 成都：西南交通大学出版社，2015.

[4] 张开冉，李建军. 高速铁路运营安全管理 [M]，成都：西南交通大学出版社，2011.

[5] 《动车组列车乘务工作导读》编委会. 动车组列车乘务工作导读 [M]. 北京：中国铁道出版社有限公司，2019.

[6] 单继琴. 高速铁路动车乘务实务 [M]. 上海：上海交通大学出版社有限公司．2019.

[7] 中华人民共和国铁道行业标准. 铁路旅客运输服务质量规范（列车部分）[M]. 北京：中国铁道出版社，2017.

[8] 裴瑞江. 铁路客运设备设施 [M]. 北京：中国铁道出版社，2015.

[9] 贾俊芳. 高速铁路客运服务 [M]. 北京：中国铁道出版社，2014.